Incontri
a Sichar

1

T0161657

Per informazioni sulle opere pubblicate
e in programma rivolgersi a:

Edizioni Terra Santa
Via G. Gherardini 5 - 20145 Milano (Italy)
tel.: +39 02 34592679 fax: +39 02 31801980
http://www.edizioniterrasanta.it
e-mail: editrice@edizioniterrasanta.it

MARCELLO BADALAMENTI

Pellegrini di pace

Francesco d'Assisi e Giorgio La Pira in Terra Santa

Presentazione di Marco Malagola

Proprietà letteraria riservata
Edizioni Terra Santa s.r.l. - Milano

Finito di stampare nel novembre 2009
da Corpo 16 s.n.c. - Bari
per conto di Edizioni Terra Santa s.r.l.
ISBN 978-88-6240-080-0

a *Gerusalemme*
città della pace mondiale

È fiorentino il monte della Verna
posto da Eugenio IV sotto la protezione della Signoria di Firenze
dove San Francesco tornato dai colloqui col Sultano d'Egitto
e dal viaggio in Terra Santa
– cristiani mussulmani ed ebrei - le tre famiglie d'Abramo –
ricevette dal Signore le stimmate
documento e pegno della speranza
e della salvezza dei popoli
da San Francesco visitati nel suo viaggio di pace.

GIORGIO LA PIRA 1957*

---

* [La città di Firenze e i Frati Minori della Toscana Posero (lapide sulla facciata laterale della chiesa della Verna) – primo centenario della nascita – 17.XI.2004]. La data del 1957 posta ai piedi della lapide è alquanto incerta visto che queste espressioni del Professore si trovano in un opuscolo contenente una lunghissima 'circolare', che si riferisce ad interventi che vanno dalla fine del giugno 1959 all'aprile del 1960: Lettere ai monasteri, 524-525. In quest'anno 1957, scrivendo alle claustrali, La Pira ha anche occasione di parlare del Sultano, San Francesco, La Verna, Damietta; vedi: Lettere alle claustrali 298.309.

Presentazione

A oltre trent'anni dalla scomparsa di Giorgio La Pira, appare nelle librerie un ennesimo libro su di lui che, oltre un doveroso omaggio al grande siciliano, vuole essere un profilo umano e spirituale del La Pira "terrasantino" che, da sempre, ha considerato e cantato la Terra Santa come sua patria del cuore. Per questo sono veramente lieto di augurare il benvenuto all'apparizione di questo nuovo lavoro dell'amico e confratello padre Marcello Badalamenti che racconta di quel grande uomo cristiano, siciliano come lui, che si chiama Giorgio La Pira.

Mi si consenta di esprimere la mia gioia tutta personale per questa pubblicazione, motivata dai rapporti di amicizia che ebbi con Giorgio La Pira risalenti agli anni del mio servizio alla Segreteria di Stato. Erano gli anni del Concilio Vaticano II e dell'immediato post-Concilio: tempi di guerra fredda, di blocchi contrapposti, di pace sempre minacciata perché fondata esclusivamente sull'equilibrio delle armi: si pensi alla crisi di Cuba dell'ottobre '62! Incontravo il "professore" – così lo si chiamava negli ambienti vaticani – ogni qual volta si recava in Segreteria di Stato per conferire con il Sostituto Angelo Dell'Acqua, estimatore del "professore", di cui ero segretario. Ma ci si incontrava anche fuori. La Pira era solito scrivere ai Papi: a Pio XII, a Giovanni XXIII, a Paolo VI per metterli semplicemente al corrente delle sue iniziative, dei suoi viaggi e dei suoi incontri con personalità del mondo politico internazionale. Sono molte le lettere che arrivavano puntualmente in Segreteria di Stato. Talvolta me li consegnava personalmente in convento perché le inoltrassi … Al testo scritto, in verità difficilmente decifrabile, allegava sempre una copia dattiloscritta per facilitarne la lettura.

Da allora Giorgio La Pira ha continuato ad essere il modello ispiratore della mia vita e la sua passione per la pace nella giustizia, specialmente in Terra Santa, divenne, ed è tuttora, anche la mia passione.

Di Giorgio La Pira rammento la luminosità del suo volto e del suo inalterabile sorriso che rivelavano la forza spirituale di questo uomo eccezionale. Aveva quel suo originalissimo modo colloquiale, intercalato di riflessioni e battute capaci di coinvolgere il suo diretto interlocutore. Era un vulcano di idee, un sognatore di gesti concreti. Guardava con realismo ai fatti e ai problemi cercandone le soluzioni con altrettanto realismo senza ridurre tutto a un gioco di parole. Era soprattutto un uomo di fede, una fede vissuta globalmente per tutta intera la sua esistenza, una fede che stava alla radice di ogni sua azione. Come disse il cardinale di Firenze Giovanni Benelli: "Senza la fede nulla può essere capito di Giorgio La Pira". La sua fede e il suo ottimismo contagiavano. Era un piacere ascoltarlo e io ne rimanevo affascinato.

La sua conversazione fluiva attorno ai temi della pace. La Pira è stato un appassionato operatore di pace. Rimase letteralmente sorpreso quando, nel dicembre del 1968, al mio ritorno da Mosca, gli raccontai di aver visto con i miei occhi, nel Museo dell'Ateismo della città, il ritratto di Papa Giovanni XXIII con sotto la scritta, in russo: "Un Uomo di Pace". Non ci si poteva sottrarre al fascino che emanava dalla sua carica di umanità e di entusiasmo. Colpiva la sua sicurezza e la sua certezza profetica, il suo sguardo sicuro e ottimista sull'avvenire. La sua forza creativa nella politica, intesa come servizio all'uomo, scaturiva dalla contemplazione e dalla preghiera. Fondava le sue convinzioni su alcuni testi tratti dalla Scrittura. Non perdeva mai la speranza di vedere trasformarsi in realtà le parole di Isaia che l'ONU scolpì nella sua sede del Palazzo di Vetro a New York: "Il Signore sarà il giudice delle genti, e l'arbitro dei popoli. Trasformeranno le loro spade in aratri e le loro lance in falci. Le nazioni non saranno più in lotta tra loro e cesseranno di prepararsi alla guerra". Ricordo che si entusiasmava quando mi citava alcuni passaggi della *Pacem in terris* e della *Populorum progressio*.

Ha creduto fermamente al valore del dialogo fra le tre religioni monoteiste: ebraismo, cristianesimo, islam che hanno Abramo come padre comune nella fede e considerano Gerusalemme come la Città Santa. Tornando da un pellegrinaggio in Terra Santa, cui seguì un viaggio in Egitto tra il Natale del 1967 e l'Epifania del 1968, La Pira si interrogava e scriveva:

> Perché ancora la guerra? Perché non trovare una soluzione politica per tutti i problemi che separano ancora, e tanto dolorosamente, arabi e israeliani? Questi popoli non appartengono alla stessa famiglia di Abramo e non hanno, perciò, un comune destino religioso, storico e politico da attuare nella presente età scientifica del mondo? Perché non iniziare, proprio qui, dalla Terra Santa la nuova storia di pace, di unità e di civiltà dei

popoli di tutta la terra? Perché non superare con un atto di fede e storico – e perciò anche politico – tutte le divisioni che ancora tanto gravemente rompono l'unità della famiglia di Abramo, per iniziare proprio dalla Terra Santa quell'inevitabile movimento di pace destinato ad abbracciare tutti i popoli della terra e destinato a edificare un'età qualitativamente nuova della storia del mondo? Perché non 'sfidare la storia' e non mettersi in cammino tutti insieme per questa avventura nuova della storia del mondo? Perché non dare al mondo presente una prova del grande fatto che specifica l'attuale età storica: del fatto cioè che la guerra anche 'locale' non risolve, ma aggrava i problemi umani; che essa è ormai uno strumento: e che solo il giusto dialogo, l'accordo, il negoziato, l'azione e la missione comune, sono gli strumenti che la Provvidenza pone nelle mani degli uomini per costruire una storia e una civiltà nuova?

L'attenzione di La Pira era rivolta soprattutto alla pace della famiglia di Abramo. Per La Pira la pace in Terra Santa avrebbe potuto essere a portata di mano. Non era un'affermazione utopica, astratta, buona per fare colpo, ma incapace di incidere sulla vita dei popoli. Certo, per La Pira la pace richiede più coraggio della guerra, ma – diceva – se gli uomini guardassero in alto e non in basso – e in quella terra alla quale è indissolubilmente legato l'aggettivo "santa" è naturale levare gli occhi al cielo – scoprirebbero, commossi, di avere nel loro destino la fraternità che viene dall'essere tutti figli di Abramo. La pace è nel destino politico, storico, geografico dei popoli che vivono in Terra Santa. E a questa pace della famiglia di Abramo – ripeteva – "non c'è alternativa".

La Pira pensava che la pace di Israele e della Palestina, la pace di Gerusalemme e della Terra Santa non è una pace, ma è la *Pace in assoluto*, e questa avverrà soltanto quando si avrà il coraggio di superare le lacerazioni, le vittorie, le sconfitte che hanno dominato la storia degli ultimi duemila anni, quando si avrà il coraggio di riconoscerci appartenenti alla comune paternità di Dio e sentirci così tutti figli dell'unico Dio che adoriamo: il Dio di Abramo! "Non ci sarà pace nel mondo finché non ci sarà pace a Gerusalemme" ripeteva spesso La Pira.

La spiritualità lapiriana della pace parte dal dovere cristiano che è quello di lavorare per la pace, di ricercare la fraternità di tutti i popoli. "Saranno i popoli uniti quelli che alla fine sapranno imporre la propria presenza ai governi che li dirigono".

Questo uomo di Dio profeticamente e più concretamente che mai, ha elaborato soluzioni e strategie chiare e ancora oggi validissime. Israele e il mondo arabo lo hanno più volte riconosciuto: lo hanno affermato i capi di quei popoli usando addirittura le stesse espressioni di La Pira. Si pensi a Ben Gurion, a Sadat e a Rabin, per fare tre nomi di un elenco che potrebbe essere lunghissimo.

La visione lapiriana sul Medio Oriente e su Gerusalemme come via e città di unità, sostenuta attraverso viaggi in Egitto, Libano, Siria, Giordania, Israele, potrebbe ancora oggi rappresentare un preciso sentiero verso la pace di fronte ai nuovi conflitti e alla preoccupante *escalation* di violenza internazionale dei nostri giorni. La motivazione dei suoi viaggi in Medio Oriente, dove era davvero di casa, gradito agli uni e agli altri, è sempre stata per scongiurare la guerra e per contribuire all'unità dei due popoli in Terra Santa. Nel 1967, all'indomani della cosiddetta "guerra dei sei giorni", La Pira passava quelle impenetrabili frontiere senza passaporto, accolto fraternamente dalle parti opposte, perché tutti sapevano che voleva fortissimamente la pace nella giustizia. Con il suo coraggio disarmante con la sua fede in Cristo, La Pira ha compiuto gesti straordinari nella loro eloquente semplicità di una potenza evocativa impressionante, di cui oggi si avverte la mancanza. In tutta la sua vita ha tessuto pazientemente e senza sosta la tela della pacificazione e della fratellanza. L'idea dei colloqui tra cristiani, ebrei, musulmani fu straordinariamente positiva. Era un fatto razionale e non emotivo. Sapeva parlare a tutti: ebrei e palestinesi compresi. I suoi gesti profetici erano basati su una fede incrollabile condita di speranza; potevano dare a molti l'impressione di ingenuità religiosa; in realtà erano fondati sulla convinzione di essere strumento di pace nelle mani di Dio che considerava regista della storia, la cui sapienza guida gli uomini al suo piano finale di amore e di salvezza

Con le sue grandi iniziative ha saputo rompere la incomunicabilità, capace di mettere allo stesso tavolo realtà contrapposte quando, farlo, sembrava utopia. Il suo conversare era peno di riferimenti e citazioni bibliche … Gerusalemme, Betlemme … Isaia, il suo profeta preferito, Apocalisse. Aveva una visione ecumenica che sapeva trasferire da una dimensione religiosa a una dimensione sociale e politica. Quando La Pira morì, Sadat fu tra i primi a rendere pubbliche testimonianze: pochissimi giorni dopo si mosse, con un itinerario di stile lapiriano, per il suo storico viaggio di pace a Gerusalemme e, al Parlamento israeliano, parlò proprio di pace della famiglia umana. La Pira non ha fatto a tempo a vedere Gorbaciov e la sua concezione "nuova" della politica. Non ha fatto a tempo a vedere l'Ottantanove e i muri caduti. Ma egli questi eventi, e non da visionario, li aveva anticipati.

Chi ha conosciuto Giorgio La Pira sa che scriveva come credeva. Chi non l'ha mai conosciuto ed appartiene alle più giovani generazioni godrà nell'intrattenersi e conversare con lui, attraverso questo interessante lavoro di padre Badalamenti, allietandosi, alla fine, dopo aver percorso tutte queste pagine, di aver intrecciato amicizia non con un politico cristiano di altri tempi bensì con un politico cristiano di ogni tempo, perché Giorgio La Pira non è una personalità consegnata al passato.

Vi era in lui la ricerca quasi provocatoria di punti fermi che orientino il cammino storico per evitare che l'umanità appaia una nave "senza nocchiero in gran tempesta". E questa ricerca non ha scadenza. L'azione di La Pira è unica e ancora oggi, a oltre un trentennio dalla morte - morì il 5 novembre 1977 - scuote e interpella.

La Pira lo si può pregare perché è un modello di santità, uno dei modelli più alti di santità laicale. Il processo di beatificazione è in corso e cammina speditamente. Non vedo l'ora che venga presto il giorno della sua elevazione agli onori degli altari. La celeste Gerusalemme è ormai la sua patria. Di là La Pira continua la sua missione di unire i figli di Abramo in una sola famiglia per congiungere ad essi gli altri figli di Adamo in una convivenza che - diceva - ormai ineluttabile, quella della pace universale predicata da Isaia nel nome del germoglio di Jesse, del Figlio di Davide, del Messia Redentore

Oggi abbiamo ancora bisogno di profeti, di quelli che, scriveva La Pira, "sono in ultima analisi, i *realisti veri*". Il mondo, la Chiesa hanno bisogno di uomini come La Pira. Abbiamo bisogno di speranze profetiche. Abbiamo ancora bisogno di profeti come Giorgio La Pira.

MARCO MALAGOLA OFM

Abbreviazioni

Scritti di Francesco e di Chiara d'Assisi

Am	*Ammonizioni*
Cant	*Il Cantico di frate sole* (1225)
2Lf	*Lettera a i fedeli* (2ª redazione)
LOrd	*Lettera a tutto l'Ordine*
Pater	*Parafrasi del "Padre nostro"*
PCr	*Preghiera davanti al Crocifisso*
Rb	*Regola bollata* (1223)
Rnb	*Regola non bollata* (1221)
Salvir	*Saluto alle virtù*
2Test	*Testamento* (1226)
UffPass	*Ufficio della Passione del Signore*
Uvol	*Ultime volontà (alle "povere signore")*

Scritti su Francesco e su Chiara d'Assisi

Anper	*Primordi o fondazione dell'Ordine [Anonimo perugino]*
CAss	*Compilazione di Assisi [Leggenda perugina]*
1Cel	*Vita del beato Francesco [Vita prima], di Tommaso da Celano*
2Cel	*Memoriale del desiderio dell'anima [Vita seconda], di Tommaso da Celano*
3Cel	*Trattato dei miracoli di san Francesco, di Tommaso da Celano*
3Comp	*Leggenda dei tre Compagni*

Clar	*Libro delle cronache o delle tribolazioni dell'ordine dei frati minori, di Angelo Clareno*
CronTes	*Cronache e altre Testimonianze*
Fior	*I Fioretti di san Francesco*
FiorCons	*Delle sacre sante istimate di santo Francesco e delle loro considerazioni*
LegM	*Leggenda Maggiore di Bonaventura da Bagnoregio*
Legm	*Leggenda Minore di Bonaventura da Bagnoregio*
Spec	*Specchio di perfezione*

Scritti di Giorgio La Pira

Carteggio La Pira-Fanfani	*Caro Giorgio...caro Amintore... 25 anni di storia nel carteggio La Pira – Fanfani.* Firenze 2003.
Il Fondamento	LA PIRA G., ALPIGIANO LA MIONI C., ANDREOLI P. (a cura di), DOSSETTI G. (prefazione di), *Il Fondamento e il progetto di ogni speranza.* Roma 1992.
Il grande lago di Tiberiade	GIOVANNONI M. P. (a cura di), *Il grande lago di Tiberiade. Lettere di Giorgio La Pira per la pace nel mediterraneo (1954-1977).* Firenze 2006.
Il sentiero di Isaia	LA PIRA G., GIOVANNONI G., e G. (a cura di), VELTRONI W. (introduzione di), *Il sentiero di Isaia. Scritti e discorsi 1965-1977.* Milano 2004.
Lettere alla sorella	LA PIRA G., ROGASI L. (a cura di), SCIVOLETTO A. (introduzione di), *Lettere alla sorella Peppina e ai familiari.* Milano 1993.
Lettere ai monasteri	LA PIRA G., PERI V. (a cura di), *La preghiera forza motrice della storia lettere ai monasteri femminili di vita contemplativa.* Roma 2007.
Lettere a Pugliatti	LA PIRA G., MERCADANTE F. (a cura di), *Lettere a Salvatore Pugliatti (1920-1939).* Roma 1980.
Principi	LA PIRA G., *Principi. Tutti gli interventi di La Pira nella Rivista da lui animata e diretta nel 1939/40.* Firenze 2000.

Scritti su Giorgio La Pira

Autobiografico	*La Pira autobiografico. Pagine antologiche.* Torino 1994.
Cose viste e ascoltate	MAZZEI F., *Giorgio La Pira. Cose viste ed ascoltate.* Firenze 1981.
Gli anni messinesi	MILIGI G., *Gli anni messinesi e le "parole di vita" di Giorgio La Pira.* Messina 1995.
La Pira oggi	*La Pira oggi. Atti del 1° convegno di studi sul messaggio di Giorgio La Pira nella presente epoca storica. Firenze 4-5-6-7- novembre 1981.* Firenze 1983.
La vocazione d'Israele	MARTINI L. (a cura di), CONTICELLI G. (introduzione di), *Giorgio La Pira e la vocazione di Israele.* Firenze 2005.
Le radici iberiche	COMUNITÁ DI S. LEONINO (a cura della), CONTICELLI G. (introduzione di), *Giorgio La Pira: le radici iberiche della teologia della stroria.* Firenze 2005.
Un testimone attuale	PANCALDO D., *Dentro le speranze dell'uomo. Un testimone attuale Giorgio La Pira cattolico.* Pistoia 1995.

Altre Sigle

ActaCTS	*Acta Custodiae Terrae Sanctae.* Jerusalem 1956ss.
AFH	*Archivium Franciscanum Historicum.* Firenze - Grottaferrata 1908ss.
AnFr	*Analecta Franciscana ad Historiam Fratrum Minorum spectantia.* Ad Claras Aquas. Quaracchi 1897ss.
Ant	*Antonianum.* Roma 1925ss.
Cl	*Claretianum.* Roma 1961ss.
ColFr	*Collectanea Francescana.* Roma 1930ss.
Conc	*Concilium.* Brescia 1964ss.
DBI	*Dizionario Biografico degli Italiani.* Roma 1960ss.
DF	CAROLI E. (a cura di), *Dizionario Francescano. Spiritualità.* Padova 1995[2].
FF	CAROLI E. (a cura di), *Fonti Francescane Nuova Edizione.* Padova 2004.

FrFr	*Frate Francesco*. Roma 1924ss.
GS	*Gaudium et spes*. Costituzione del Concilio Vaticano II sulla Chiesa nel mondo contemporaneo.
Il Focolare	*Il Focolare. Foglio mensile dell'Opera della Divina Provvidenza Madonnina del Grappa*. Firenze 1940ss.
Jerusalem	*Jerusalem. Bulletin Diocesan du Patriarcat Latin*. Jerusalem 1934ss.
LTS	*La Terra Santa. Rivista illustrata della Custodia Francescana*. Jerusalem 1924ss.
MANSI	MANSI J. D., *Sacrorum Conciliorum nova et amplissima collectio*. Graz 1960ss.
NRAM	*Nuova Rivista di Ascetica e Mistica*. Roma 1976ss.
OR	*L'Osservatore Romano*. Città del Vaticano 1860ss.
PL	MIGNE J. (ed.), *Patrologiae Latinae, cursus completus*, Parisiis 1884 -1864.
QBB	*Quaderni Biblioteca Balestrieri*. Ispica (Rg) 2002ss.
RTM	*Rivista di Teologia morale*. Bologna 1968ss.
Scarpat	SCARPAT G., *Il Padre nostro di san Francesco*. Brescia 2000.
SF	*Studi Francescani*. Firenze 1904ss.
VitaCons	*Vita Consacrata*. Roma-Milano 1971ss.

Profeta e mistico[1]

«È vero: la situazione tanto grave del Medio Oriente e del mondo, ci indusse quest' anno a rifare in Terra Santa - durante le feste natalizie e di Epifania - il pellegrinaggio di pace fatto dieci anni avanti in vista della pace mediterranea ed in vista dei 'Colloqui Mediterranei' fiorentini: quei Colloqui, nei quali il 4 ottobre 1958 (festività di S. Francesco) furono poste le premesse per gli incontri di Evian e spuntò la prima lontana speranza d'incontro e di pace fra arabi e israeliani.

Rifare lo stesso pellegrinaggio, avente le stesse finalità (la pace ed i colloqui) ed avente la stessa significante struttura: che si iniziasse, cioè, ad Hebron (presso la tomba del patriarca Abramo, il comune Padre della triplice famiglia spirituale di ebrei, cristiani e musulmani) e che, attraverso Betlemme (per la natività del Redentore), Gerusalemme (la città santa, misterioso centro della storia del mondo), il Carmelo (il monte del Profeta Elia) e Nazareth (la città dell'Incarnazione, della Vergine Maria) si concludesse in Egitto: al Cairo, dove trovò rifugio la Sacra Famiglia; ed a Damietta

---

[1] Il sentiero di Isaia, 123-128. Mi sembra necessario iniziare questo studio con uno degli interventi più geniali, a mio povero parere, che il Professore Giorgio La Pira ci ha donato nella sua continua opera di seminatore di pace, di comunione, di armonia tra i popoli. Un intervento, datato dicembre 1967, dunque dopo alcuni mesi dalla guerra scoppiata in Medio Oriente nel giugno dello stesso anno e che, con ancora maggiore incertezza, rese la regione più instabile e contrapposta. *Abbattere i muri e costruire ponti* diviene senz'altro, rileggendolo oggi a più di quaranta anni dalla sua pubblicazione, un reale dire e vedere profetico che si specchia con la situazione che ancora oggi si vive nella Terra del Signore. Un intervento che, in sintesi, presenta le tematiche care al professore: necessità del dialogo e dell'incontro tra le parti, che poi approderà alla famosa 'tesi fiorentina'; rapporto di mistero tra Medio Oriente e Terra Santa, con un particolare sguardo a Gerusalemme città della pace per tutto il mondo, luogo della presenza di ebrei, cristiani e musulmani; presenza dell'operare di san Francesco che specifica l'anelito ad andare e la modalità dell'incontrare, specie il mondo dell'Islam. "Si tratta del resoconto del viaggio compiuto da La Pira in Israele (Natale 1967) e in Egitto (Epifania 1968). Era profondamente convinto che, lavorare per la pace di Gerusalemme, significasse assicurare la pace a tutti i popoli della terra e per tale fine amava ripetere che era opportuno abbattere i muri e costruire ponti. Questa immagine bellissima, che gli venne in mente da un semplice episodio osservato per strada, è da sola fortemente eloquente. Uno dei motti di La Pira era '*spes contra spem*', sperare contro ogni speranza; di ciò è stato un testimone unico, mostrando una grande forza vitale, capace di essere di continuo produttiva, una forza che mai si esauriva, che sempre lo aiuta a guardare oltre": ORLANDI M., *Costruire la Terra. Avventure di vita. Giorgio La Pira – Léopold Sédar Senghor.* Scandicci (Fi) 2005, 99.

dove San Francesco – in piena crociata ed in piena guerra compiendo un grande atto di fede religioso e storico (e, perciò, anche politico) – portò al Sultano il suo messaggio cristiano di pace.

Ed è appunto quello che abbiamo fatto, col significativo gradimento e la viva ed ospitale accoglienza tanto di Israele che dell'Egitto (e della Lega araba); abbiamo, cioè, ripetuto – con la stessa struttura ed in vista degli stessi fini, anche se collocato in un contesto storico estremamente più grave, perché avviato verso la soglia apocalittica della guerra nucleare – il significativo viaggio di pace del 1958: abbiamo, cioè, oggi come ieri, cercato di costruire un ponte di preghiera e di riflessione storica e politica fra le rive avverse che separano ancor tanto gravemente i popoli fratelli (la famiglia di Abramo!) del Medio Oriente.

Le 'tesi' religiose, storiche e politiche, che ci hanno guidato in questo pellegrinaggio sono riassumibili in quella tesi che in questi anni ha sempre guidato la nostra azione di pace: «la tesi di Isaia»: cioè la tesi – fondata sulla rivelazione di Abramo e, perciò, in piena aderenza alla pace di Betlemme ed alla pace del Corano – della inevitabilità della pace universale, della inevitabilità del disarmo (le armi cambiate in aratri!) e della inevitabile promozione civile e spirituale dei popoli di tutta la terra.

Data la situazione scientifica, tecnica, nucleare della presente età storica del mondo (il limite dei 400 mila megaton capaci di 'far morire la terra' è già largamente superato), la 'tesi di Isaia' appare saldamente fondata: ormai la scelta apocalittica è inevitabile: o 'la pace millenaria' o 'la distruzione del genere umano e del pianeta'.

Questa tesi assume in Terra Santa un rilievo particolare: essa pone qui in maniera più drammatica l'inevitabile domanda: perché ancora la guerra? Perché non trovare una soluzione politica per tutti i problemi che separano ancor tanto dolorosamente arabi e israeliani? Questi popoli non appartengono alla stessa famiglia di Abramo, e non hanno, perciò, un comune destino religioso storico e politico da attuare nella presente età scientifica del mondo (integrare spiritualmente il contesto scientifico e tecnico della nuova civiltà)? Il Mediterraneo, lungo le sponde del quale questi popoli abitano, non può tornare ad essere – è il suo destino! – un centro di attrazione e di gravitazione storica, spirituale e politica essenziale per la storia nuova del mondo? Perché non iniziare, proprio da qui, dalla Terra Santa, la nuova storia di pace, di unità e di civiltà dei popoli di tutta la terra? Perché non superare con un atto di fede – religioso e storico e, perciò, anche politico, in questa prospettiva mediterranea e mondiale – tutte le divisioni che ancora tanto gravemente rompono l'unità della famiglia di Abramo, per iniziare, proprio da qui, quell'inevitabile moto di pace destinato ad abbracciare tutti i popoli della terra e destinato ad edificare un'età qualitativamente nuova (salto qualitativo!) della storia del mondo?

Avere chiari questi obiettivi, essere consapevoli del 'punto' in cui si trova la navigazione storica del mondo, essere consapevoli della 'missione' dei popoli mediterranei e ritrovarsi in un nuovo Colloquio mediterraneo per fissare insieme una 'strategia' destinata ad incidere in modo essenziale nella storia nuova dei popoli!

Ecco la speranza e la sostanza del nostro pellegrinaggio.

Un sogno? Una poesia? No, una prospettiva storica inevitabile. Il cammino dei popoli verso di essa può essere soltanto ritardato (come ha fatto la tristissima guerra vietnamita che da tanti anni frena questo cammino); ma la sua avanzata è inarrestabile.

Ed allora? Perché non iniziarla proprio ora, partendo da Gerusalemme, la città santa della triplice famiglia di Abramo, centro misterioso ma effettivo di tutta la storia e di tutta la terra?

Questa la 'tesi' che ha fatto da cornice a tutti i colloqui – a livello spirituale, culturale e politico – che abbiamo avuto in Israele ed in Egitto: questa la tesi che ha animato, in modo particolare, i colloqui con il titolare della politica estera israeliana (il ministro degli esteri Abba Eban) e con il presidente Nasser. Perché non inquadrare in questa cornice vedere da questo angolo visuale tutti i problemi arabo-israeliani?

Allora tutto si ridimensiona: se c'è una 'convergenza di destino storico' per arabi ed israeliani, fra tutti i popoli della famiglia di Abramo abitanti nello spazio mediterraneo, (che è spazio essenzialmente europeo) allora tutti i problemi che ancora dividono possono essere rivisti in modo rovesciato: trasformandoli da problemi che dividono in problemi che unificano.

Se tutto questo è vero – ed è vero perché questo è il senso della storia presente nel mondo – perché insistere a credere nelle soluzioni militari, ostacolando ancora l'incontro, il negoziato, la pace? Perché non 'sfidare la storia' e non mettersi in cammino insieme per questa avventura nuova della storia del mondo?

'I popoli di Abramo e la storia nuova del mondo': quale tema e di quale attualità proprio in questa svolta storica!

Quale posto di rilievo mondiale sarà sempre più assegnato alla città del Cairo in questo futuro di amicizia e di pace! Essa diverrà sempre più

'città chiave' che apre, attraverso il Canale, le porte dell'Oriente e quelle
dell'Occidente; diverrà sempre più la città unificante di tutta la nazione
araba; diverrà sempre più la città di incontro fra l'Islam rinnovato, (amico del cristianesimo) e la Chiesa del Concilio; diverrà sempre più la città
dell'incontro tra le tre teologie monoteiste della triplice famiglia abramitica; e sarà per la Chiesa la città in cui è più che altrove visibile la sua unità nel
pluralismo così ricco di valore religioso, spirituale e culturale, delle chiese
di Oriente e di quelle di Occidente.

E siamo sempre alla domanda: sogno? fantasia? o, invece, si tratta
dell'inevitabile realtà storica che seguirà alla pacificazione della Terra Santa (che va da Nazareth al Cairo) ed alla concorde operosità (storica, spirituale, culturale, scientifica, tecnica, politica ed economica) della triplice
famiglia abramitica?

Perché, dunque, tardare più oltre – inutilmente, dannosamente – l'inizio di questa missione comune a servizio dei popoli di tutto il mondo?
Perché non dare al mondo presente una prova del grande fatto che specifica l'attuale età storica: del fatto, cioè, che la guerra anche 'locale' non
risolve, ma aggrava i problemi umani; che essa è ormai uno strumento
per sempre finito: e che solo l'accordo, il negoziato, l'edificazione comune,
l'azione e la missione comune per l'elevazione comune di tutti i popoli,
sono gli strumenti che la Provvidenza pone nelle mani degli uomini per
costruire una storia nuova e una civiltà nuova?

Ecco le cose che abbiamo detto in Israele ed abbiamo ripetuto am-
piamente e sviluppato – anche pubblicamente – al Cairo e a Damietta:
è stato questo, sostanzialmente, (a parte certe proposizioni di natura più
tecnica e più 'diplomatica'), il tema delle conversazioni avute con il presidente Nasser, con i ministri Okacha e Fayek e con elevate personalità del
mondo politico, religioso e spirituale del Cairo.

Quali i risultati? Forse non erriamo dicendo che, malgrado le apparenze contrarie, risultati –anche politicamente, oltre che spiritualmente –
positivi ci sono stati nel nostro pellegrinaggio. Lo so: essi si radicano nella
nostra visione fondamentalmente e fondatamente 'ottimista' della storia:
il Nilo (noi sempre diciamo) si riversa inevitabilmente nel Mediterraneo!

E, del resto, il nostro stesso pellegrinaggio, gradito ad ambedue le parti,
non è stato un ponte di speranza steso fiduciosamente fra le due rive?

Possiamo e dobbiamo dirlo: noi abbiamo trovato in tutti un desiderio
sincero e vivo di pace: ciò che divide è soltanto il 'muro della diffidenza':
bisogna abbattere questo muro, ecco tutto: e se questo muro cade, la pace

è fatta! Ci vogliono atti che aprano le porte alla fiducia ed alla speranza!

Noi riportiamo, malgrado le apparenze contrarie, questa precisa impressione dal nostro viaggio e dai nostri colloqui: *'che la pace è ad un metro'*, come si dice.

La 'disponibilità' di fondo al negoziato c'è (a noi sembra) in ambedue le parti: si tratta di trovare la chiave diplomatica capace di aprire le porte dell'incontro.

Evidentemente, perché questo processo di convergenza sia condotto a termine, non bisogna compiere atti che possano fermare questo moto convergente.

Abbattere i muri e costruire i ponti: la sera del 20 gennaio (dopo il colloquio con Nasser) noi vedemmo al Cairo una scena che ci fece tanta impressione: una squadra di operai abbattere i muri che erano stati costruiti davanti alle porte dell'albergo, come strumenti di difesa antiaerea.

Ecco, dicemmo, l'inizio simbolico della pace che viene!

E questa pace venga, tra i due figli dello stesso Patriarca Abramo. Essa sarà non solo la pace fra i figli di Abramo, ma sarà altresì l'arcobaleno che annuncia per sempre, per il mondo intero, la fine del diluvio (la guerra) e l'inizio definitivo della nuova età storica del mondo».

Introduzione

Aprite le porte: entri il popolo giusto che si mantiene fedele. Il suo animo è saldo; tu gli assicurerai la pace, pace, pace perchè in te ha fiducia (Is 26,2-3).

In qualunque casa entreranno, dicano prima di tutto: Pace a questa casa (cfr Lc 10,5); Il Signore mi rivelò che dicessimo questo saluto: 'Il Signore ti dia la pace!'[2].

Permettete che finisca con un 'sogno' (un sogno peraltro senza alternativa), 'sognando', cioè, come realizzato il negoziato e come realizzata l'unità, la giustizia e la pace nella triplice famiglia abramitica; come realizzato, cioè, il 'sogno unitivo' di Abramo ('saranno in te benedette tutte le nazioni della terra'); sognando cioè come diventata storia effettiva dei popoli, 'l'utopia' di Abramo.

Cosa si vedrebbe allora? Ecco: si vedrebbe la Terra Santa – la terra dei patriarchi, la terra di Israele e di Ismaele, la terra di Cristo, di Maria, degli Apostoli, la terra della Chiesa e dei santi – diventata visibilmente la terra attrattiva, il centro attrattivo, del mondo (*trait per praevalentiam*). E si vedrebbe Gerusalemme diventata – come il suo stesso nome dice e come è nel suo stesso destino soprannaturale e storico – la capitale non di una sola nazione, ma di tutte le nazioni, la città della pace universale, la città dell'universale adorazione (*venite ascendamus*). La città verso la quale si vedrebbero ascendere 'in pellegrinaggio per adorare' non solo i popoli della famiglia abramitica, ma altresì i popoli di tutta la famiglia umana"[3].

Ho voluto porre ad *incipit* di queste pagine alcuni contenuti determinanti, che riguardano il professore Giorgio La Pira, sindaco santo e retore della pace, testi che hanno nel mutuo rapporto tra Parola profetica di Dio, consapevolezza della propria vocazione francescana, missione itinerante

---

[2] Rb 3,13: FF 85; 2 Test 23: FF 121.
[3] Il sentiero di Isaia, 286-287

– pellegrino di pace – nella terra del Signore, lo sguardo unificatore del suo operare e parlare.

Mi sono già interessato a La Pira comprovandone l'indiscussa vocazione francescana del suo essere cristiano[4], pur ponendo tale affermazione in quello spirito libero e estremamente creativo ed innovativo come fu sempre l'indole del geniale Professore. Voglio adesso, con queste note, approfondire un aspetto che, direi, caratterizza la vita di La Pira, in quell'evoluzione del suo pensiero che pone, nella strategia del compiersi della storia verso la meta del Regno, il Professore, impegnato con dedizione e volontà titaniche verso il tessere quei sentieri di pace che fecero della sua missione cristiana l'*imput* costante di ogni cosa e di ogni impegno.

Questa missione della pace universale la leggo e la espongo avendo come guida l'indomito desiderio di farsi, come il Poverello di Assisi, portatore e pellegrino della pace di Gesù al mondo e specie a quella famiglia di Abramo che è seme di pace per l'universo intero.

Questo sguardo mi ha fatto andare, ancora più in là, a restringere e focalizzare la mia attenzione, ripercorrendo i passi del pellegrino La Pira in Terra Santa, prodromi di vere maturazioni interiori dettate, grazie alla personalità spiccatamente mistica e 'mondana' del Professore, da quell'anelito di pace che pervase tutta la sua esistenza[5].

Come non leggere proprio in questo anelito la comune vocazione che ritroviamo tra Francesco d'Assisi e Giorgio La Pira?

Il primo, emulo del Figlio di Dio nell'annunziare la buona novella, non disdegna di optare per la 'sua' crociata evangelica portando, con semplicità e candore celestiale, ma ugualmente con ferma determinazione ed invitta tenacia, l'annunzio di pace ai saraceni di Damietta; riscontrando accoglienza e rispetto, più che, come si potrebbe pensare, conversione e ripensamento della propria fede; aspetti comunque che 'vinsero' l'intransigenza di una op-

---

[4] Vedi: BADALAMENTI M., *La Pira Francescano. Fare della fede la vita.* Villa Verucchio (Rn) 2006.

[5] È comunemente attestato che dinanzi a Giorgio La Pira ci si trova accanto ad un grande mistico che vive nel mondo   con tale accezione va letto il termine mondana – che è frutto della maturazione della sua vocazione alla consacrazione secolare che lo contraddistinse come risposta che diede al Signore nell'Istituto della Regalità di Cristo fondato dal frate minore padre Agostino Gemelli. Vedi: ANTONELLI F., *Sulla scia luminosa di S. Francesco visse in modo eccezionale il Vangelo*, in OR 126 (1986) [7.novembre.1986] 4; BADALAMENTI M., *Sei lettere inedite di Agostino Gemelli a Giorgio La Pira*, in QBB 5 (2006) n. 5, 119-146; CARNEMOLLA P. A., *Giorgio La Pira missionario francescano della Regalità di Cristo*, in QBB 2/3 (2003-2004) n. 2-3, 9-25; MAZZEI F., *Giorgio La Pira: consacrato secolare per 'il mondo laico lontano da Cristo'*, in *Vita perché?* 16 (1982) n.80, 26-30.

zione armata a favore di una scelta profetica di dialogo per la pace.

Il secondo, sulle orme di san Francesco come più volte attesterà lui stesso, portatore di parole di pace e di missioni profetiche, che si concretizzarono in quella 'utopia' della pace inevitabile[6], che contraddistinse il pensiero e l'azione del Professore facendone uno dei più grandi e tenaci profeti del secolo scorso.

Ambedue, in questo teatro di missione e di annunzio, hanno la Terra Santa come 'luogo'. Ben si capisce non un richiamo ad una parte del globo, ma a quella Terra, calcata e benedetta dalla presenza di Dio stesso, che intesse la sua storia di salvezza. Terra che, sia per ebrei, cristiani e musulmani, diviene Terra Santa da accogliere e custodire per scorgervi quel messaggio di pace universale che non può che proclamarsi e rinnovarsi costantemente, nonostante tutto, partendo da quella terra e in quella terra con uno sguardo particolarmente importante da dare alla città santa, a Gerusalemme, vero punto in cui tutte le genti si raduneranno per adorare il Signore della pace.

Proprio in questa prospettiva accogliamo, come la rivelazione ce le dona, quelle parole che ricordano che proprio 'qui' si compie la salvezza del genere umano: "Togliti i sandali dai piedi, perché il luogo sul quale tu stai è una terra santa!" (Es 3,5; cfr Gs 5,15).

Santità di Dio, santità del luogo, santità dell'uomo che accoglie la Rivelazione di Dio, santità che diviene annunzio per ogni uomo di quella novità di Dio che è la pace del Risorto: *Pace a voi!* (Gv 20,19.26). *Vi lascio la pace, vi do la mia pace. Non come la dà il mondo, io la do a voi... Vi ho detto queste cose perché abbiate pace in me. Voi avrete tribolazione nel mondo, ma abbiate fiducia; io ho vinto il mondo* (Gv 14,27; 16,33).

Il dire che la pace è impossibile è la riprova della nostra poca fede, che accoglie l'opera diabolica di chi non ha speranza nell'operato di Dio. La pace non solo è possibile ma si compirà!

Crederci è già motivo di intravedere, nella speranza che non delude, il suo compimento.

Non crederci, è accogliere l'inconcludenza degli uomini, la miopia delle genti chiuse nel proprio odio e nelle proprie vendette, che non hanno occhi per vedere oltre e costruire il nuovo futuro per i figli che generano. Miopia e chiusura che costruisce muri e crea interminabili barriere, fisiche, culturali, religiose, che fomentano la divisione, il sospetto, la paura, il rifiuto dell'altro.

---

[6] Vedi: CARNEMOLLA P. A., *I fondamenti teorici della 'pace inevitabile' in Giorgio La Pira*, in QBB 4 (2005) n. 4, 53-74.

L'uomo di fede, come lo fu La Pira, semplicemente ma evangelicamente, si nutre di speranza sapendo che Iddio non pone un laccio a coloro che ha scelto ed inviato, bensì invita, con una riprova di sguardi che sembrerebbero impossibili a compiersi e concretizzarsi in scelte diverse da quelle che umanamente si intravedono – ecco la fede – invita ad andare oltre a cavalcare l'onda della profezia, che è utopia ma che è ugualmente annunzio certo di compimento, in chi crede nel Signore che guida la storia.

Raccogliamo ciò che viene definito il "metodo lapiriano, laicamente assunto in assoluta fedeltà al 'timoniere della barca di Pietro' (il Papa), ma 'a proprio rischio e pericolo', per 'abbattere muri e costruire ponti' e procedere sul 'sentiero di Isaia' (trasformare le spade in aratri ed i missili in astronavi)"[7], come vera sfida anche per un mondo che oggi ha bisogno di riascoltare la profezia di un uomo che sapeva farsi interprete di quei 'segni dei tempi' che cambiano la storia.

Il reale pellegrinaggio – e reiterato come vedremo – di Giorgio La Pira in Terra Santa può anche oggi, ce lo auguriamo altresì sollecitati da queste pagine che semplicemente e costantemente vogliono far parlare lui stesso con i suoi preziosi scritti, essere di sostegno, di speranza, non solo a quegli uomini di buona volontà che ci credono fermamente che la pace si compirà, ma anche agli altrettanti che sembrerebbe oramai abbiano perduto ogni speranza di vedere compiersi la profezia biblica della pace per Gerusalemme e il mondo intero.

Da credenti in Cristo possiamo ben chiedere al Professore, di cui abbiamo ricordato da poco il trentennale della sua pasqua eterna, di intercedere anche per noi, ancora pellegrini quaggiù e aiutarci a continuare la sua pacifica battaglia di annunzio e testimonianza della pace, sia a noi che viviamo in questa Terra sia ai tanti che la guardano come baricentro del mondo, per via della loro fede.

Il desiderio di pace che pervade il cuore di ogni uomo possa trovare nell'utopia lapiriana quel solido fondamento, di squisiti connotati francescani, che ci abiliti a ridestare nel cuore di ogni uomo l'anelito – che sia impegno fattivo – per la pace inevitabile.

Come le tradizioni religiose ebraiche, cristiane e musulmane ripetono anche noi vogliamo ridirci: "Fratelli tutti a Gerusalemme, città della pace universale!".

---

[7] CITTERIC V., *'Abbattere muri e costruire ponti'. Anniversari. Quindici anni fa moriva Giorgio La Pira*, in OR 132 (1992) [5-6.novembre.1992] 2.

1. *Il Signore ti dia pace*: in Oriente ed in Occidente

Le espressioni: retaggio di una vita vissuta, pace, salvezza, perdono, hanno caratterizzato fin dai primi momenti della sua diffusione la vita del cristianesimo. Sia pure dinanzi al rifiuto e alla persecuzione il cristiano, che ha accolto il Cristo nella propria esistenza, si sforza di porre la sua vita nel paradosso del volgere l'altra guancia, accogliendo il dono della vera pace che è Cristo stesso ed impegnandosi ad essere operatore di pace, pacifico ed in questo beato (cfr Mt 5,9-12.39; Lc 6,22.29; Gv 14,27; 20,19; Ef 2,14).

Nelle diverse epoche l'Evangelo si è sempre incarnato nella storia e non certo in modo avulso e distratto bensì vitale e necessario, tanto da poter parlare di una vera e propria 'strategia politica', intendendo con questa espressione non una ricerca di *immixtio* tra potere e religione, come ahimè abbiamo dovuto costatare molte volte, bensì, quale certa valenza attuativa, un Vangelo che costruisce la società e la rinnova nel nome del Signore della storia.

La neccessità di uno sgurado che vada oltre gli steccati e che doni la gioia dell'accoglienza dell'altro, in semplicità e rispetto, contraddistingue la vita dei politici cristiani che si rendono conto della necessità di andare incontro all'altro non con la pretesa delle proprie argomentazioni, ma col coraggio, derivante dal Vangelo, di saper trovare nell'altro, anche nell'avversario politico un uomo da ascoltare e con cui potere dialogare. Un esempio particolarmente significativo da ricordare è il santo inglese Tommaso Moro che se "come avvocato e giudice, finalizzò l'interpretazione e la formulazione delle leggi (è giustamente considerato fra i fondatori della scienza della *common law* inglese) alla tutela di una vera giustizia sociale e alla costruzione della pace fra gli individui e le nazioni", ugualmente lo ritroviamo impegnato ad eliminare "le cause della violenza" più 'che di reprimere", non separando mai "la promozione appassionata ma prudente del bene comune dalla pratica costante della carità"[8].

---

[8] Dall' *Istanza inviata al Papa Giovanni Paolo II per la proclamazione di San Tommaso Moro a Patrono dei Governanti e dei Politici*

Ho voluto fare questa breve premessa per ricordare che la storia non può essere intesa come un semplice scorrere del tempo che, fatalisticamente, scrive gli eventi, ma nella logica della fede, la storia è a buon diritto 'il luogo' dove Dio stesso si rivela e si dona agli uomini, ieri come oggi, e dunque, per il credente in Cristo deve costruirsi nella logica della speranza con un impegno sempre positivo e propositivo per la pace e l'avvento del Regno di Dio.

Un significativo tornante della storia bisogna accoglierlo nella nascita e diffusione dell'Islam che fa mutare gli orizzonti, per alcuni versi molto statici, di una *societas* che si pensava ben strutturata nel cristianesimo che andava diffondendosi e radicandosi, in Europa, nel bacino del Mediterraneo ed oltre. La Palestina che aveva visto fiorire, sulle orme della testimonianza dei primi cristiani, una ricca e variegata presenza di vita cristiana dovette cambiare la sua fisionomia diventando da luogo cristiano per eccellenza in quanto custode dei luoghi della Redenzione, a terra di conquista e di lotta che inasprì, per secoli, l'animo dei contendenti, facendo dimenticare la logica del Vangelo e dell'amore[9].

Le crociate sono l'inevitabile riprova di una 'riconquista', perpetuatasi in verità soltanto per alcuni decenni, che smarrendo le parole dell'Evangelo della carità ed inficiando la vita di fede attraverso una bassa politica e bramosia di potere, sia da parte cristiana che musulmana, specie nei secoli medioevali, divenne teatro, purtroppo, di un devastante annunzio di morte che mortificando l'uomo, ha mortificato anche Dio[10].

Il tradizionale andare in Terra Santa, che aveva portanto in sé tutta una

---

[9] Basti rileggere gli interessanti *diari* degli innumerevoli pellegrini, devoti ed interessati, che ci hanno tramandato, in epoche diverse ma con costanti e evoluzioni significative, le 'foto' di una Terra che è, per l'uomo della fede ebraica, cristiana e musulmana, il luogo della rivelazione di Dio. Per il cristiano inoltre nei tanti Santuari che, ancora oggi, ricordano la presenza incarnata del Salvatore, viene richiamato l'annunzio della fede, che diviene annunzio di pace e di salvezza per ogni uomo di buona volontà'. Vedi: MARAVAL P. (Textes choisis, présentés, traduits et annotés par), *Récites des premiers pèlerins chrétiens au Proche-Orient*. Paris 1996; MIAN F., *Gerusalemme città santa. Oriente e pellegrini d'Occidente – sec. I-IX/XI*. Rimini 1988; NATALUCCI N. (a cura di), *Egeria. Pellegrinaggio in Terra Santa. Itinerarium Egeriae*. Firenze 1991; NICOLINI U., NELLI R. (ed.), *Fra Giovanni Di Fedanzola da Perugia. Descriptio Terrae Sancte. Ms Casanatense 3876*. Jerusalem 2003; NOROFF (De) A. (traduit, notes critiques), *Pélerinage en Terre Sainte de l'Igoumène russe Daniel, an commencement du XII-e siècle (1113-1115)*. St. Petresbourg 1864; PICCIRILLO M. (ed.), *Io notaio Nicola De Martoni. Il pellegrinaggio ai Luoghi Santi da Carinola a Gerusalemme 1394-1395*. Jerusalem 2003; SANDOLI (DE) S., *Itinera hierosolymitana crucesignatorum (saec. XII-XIII) I-IV*. Jerusalem 1978-1984; KASWALDER P., *Onomastica biblica*. Jerusalem 2002.

[10] JOTISCHKY A. (ed., with introduction), *The Crusades. Critical concepts in Historical Studies*. 4 voll. London 2008; SETTON K. M. (ed.), *A History of the Crusades*. I-V. Madison 1969-1989; RICHARD J., *La grande storia delle crociate. Storia dell'avventura che per oltre due secoli mise in contatto il mondo occidentale e quello orientale*. Roma 2001.

vera e propria spiritualità, la spiritualità del pellegrinaggio, si sposta in altri luoghi della cristianità che ricordano o hanno come finalità quella di ripresentare luoghi e personaggi delle terre di Oriente.

Nella stessa esperienza spirituale di Francesco d'Assisi si inserisce la spiritualità del pellegrinaggio. Nella sua vita, difatti, si può tracciare un vero e proprio 'filo rosso' che guida i passi del Poverello secondo la logica del pellegrino[11].

In questa prospettiva si spiega ugualmente l'insistenza di una vita spesa per quell'annunzio di pace che percorrerà la sua stessa esperienza spirituale e segnerà il movimento carismatico, di uomini e di donne, che ne nascerà. Ecco perchè l'esperienza spirituale di Francesco d'Assisi, a mio parere, dovrebbe porre con consapevolezza maggiore, il saluto rivelatogli dal Signore, come centro e cuore di una missione che ebbe, nel Poverello, una unica preoccupazione: risanare il cuore dell'uomo e portalo a Dio. Impegno non certo da concentrare nelle forze umane, seppur redente e rappacificate in Cristo, ma principalmente in quell'operare dello Spirito del Risorto che crea e ricrea, ogni cosa … ogni cuore di uomo.

Francesco uomo che passa dall'amaro al dolce di un'esistenza pacificata: dall'amaro di una vicenda diremmo ordinaria e per alcuni versi senza forti spinte interiori, se non quelle dell'accogliere i dettami del mondo cavalleresco e trovadorico del tempo; al dolce di una vita che si ritrova unificata in quel Dio che gli si rivela, gli fa conoscere il volto del fratello, gli fa accogliere il saluto della pace, che nella comunità cristiana, nella preghiera, nella vita fraterna, nella pronta obbedienza, coglierà i risvolti di una risposta fedele e sempre nuova.

La rivelazione del saluto di pace non è un aspetto della vita di Francesco, ma, lo chiamerei, un determinante momento che ne specificherà vocazione e missione; non solo sue, ma dell'intera fraternità affidata alle sue cure e posta nel mondo come seme di speranza per fasciare e sanare i cuori degli uomini, induriti e lontani.

Cosa vi è di più semplice di una espressione di saluto, che diventa familiare e devota, ma che nasconde una forte esperienza di Dio che, in quanto tale, non può accontentarsi di riferirsi a voce, bensì diviene vita vissuta e donata. Una di quelle esperienze che cambiano l'esistenza e che soltanto un ricordo costante, tenace ed amante pone nel cuore e fa trasparire dalle semplici parole: "Il Signore mi rivelò che dicessimo questo saluto: 'Il Signore ti dia pace!'"[12].

Voglio raccogliere questa rivelazione come espressione di una vita pa-

---

[11] Cfr IRIARTE L., *Pellegrino*, in DF 1435-1446.
[12] 2Test 23: FF 121. Vedi il mio: BADALAMENTI M., MATURA T. (presentazione di), *Gesù nostra via. Un cammino di fede sul testamento di Francesco e Chiara di Assisi*. Bologna 2007, 171-185. Vedi anche: PAUL J., *Pace*, in DF 1339-1352.

cificata e pacificatrice che fu, nella missione di portare il Vangelo ad ogni creatura in povertà, semplicità e fraternità, il motivo della risposta che sia Francesco, che la sua nascente *religio*, dette a ciò che lo Spirito del Signore suggeriva per il bene di tutta quanta la Chiesa.

Una risposta di pace dunque in tempi di lotte fratricide; una risposta che rivela il senso della pace, da donare e costruire, senso che si ritrova nella stessa rivelazione che ci ricorda che Cristo è la nostra pace (cfr Ef 2,14).

Non vi è dunque in Francesco e lo ribadisco fin dal principio, una pace pacifista, scusate il bisticcio di espressioni, cioè una pace, ricercata e che diviene impegno perseverante, che vede nello scambio di opinioni, nel compromesso politico, nella ricerca di soluzioni umane e possibili il risultato del proprio affanno. La visione di Francesco nell'aver ricevuto ed accolto il saluto della pace si pone nell'esperienza di fede, si pone ad un livello che va oltre la dimensione politica, che pur preoccupandosi dell'uomo e del suo stare in pace, vede in questo sguardo ed impegno un'unica chiara e tenace finalità: la salvezza della sua anima.

Sembrerebbe un passaggio da nulla, quasi da sottovalutare o, anche per gli addetti ai lavori, logico e conseguente, direi che, invece, diviene lo struggersi del Poverello, nella ricerca di una volontà del Signore che riconcili il cuore dell'uomo.

Francesco sa bene e continuamente sperimenta che "la pace è possibile solo vivendo diversamente dai costumi ammessi, insegnati da coloro che detengono il potere secolare ed ecclesiastico". La sua passione è tutta evangelica e il suo Vangelo della pace diviene, silente ma agente, "una contestazione dell'ordine che è stabilito dalla violenza legale, secolare o religiosa"[13].

Francesco ciò lo vive in primo luogo in se stesso, ne fa un costante invito ed annunzio per gli uomini che incontrava, così come ugualmente ciò diviene il terreno fecondo che costruisce la sua fraternità, che proprio nella preoccupazione della salvezza dell'anima dell'altro si troverà impegnata a costruire i rapporti fraterni.

Scriverà nella sua prima Regola, a proposito dei ministri che sono servi dei frati loro affidati: "Ricordino … che il Signore dice: 'Non sono venuto per essere servito, ma per servire' (Mt 20,28), e che a loro è stata affidata la cura delle anime dei frati, e se qualcuno di essi si perdesse per loro colpa e cattivo esempio, nel giorno del giudizio dovranno rendere ragione davanti al Signore Gesù Cristo"[14].

---

[13] Cfr DUCLOS B., *Francesco, immagine di Cristo. "Portare Gesù dappertutto…"*, in Con 17 (1981) n.9, 90-91.
[14] Rnb 4,6: FF 14.

La logica evangelica e soltanto questa, guiderà l'impegno di pace di Francesco. Lo guiderà fino a quelle conseguenze, come vedremo, che lo fanno fremere per il desiderio del martirio, nell'aspirazione di andare tra gli infedeli a testimoniare il Vangelo del Signore Gesù, per portare l'annunzio della salvezza, per dire pace; quella pace che è Cristo, da offrire ai popoli divisi ed in guerra, per richiamare gli infedeli del suo tempo a volgere lo sguardo al Salvatore e ritrovarsi nella pace.

Bene scorgiamo, in questo impegno ed adesione, non solo l'attualità ma il frutto di una fecondità dell'Evangelo anche per l'oggi. Tanto da invitare a ripensare ad una presenza, come quella della Chiesa nel mondo, come quella dei frati minori nel mondo, depositari di una missione incontrovertibile.

Giorgio La Pira lo capì bene, da francescano quale egli era, pur nella ricchezza di ciò che suscitò in lui lo Spirito del Signore. Per questo insisteva nel ribadire dinanzi alla follia nucleare: "Mille anni di pace o la fine del pianeta". Follia che ieri, come oggi, pone a confronto uomini che presumono di avere – negli altri uomini – delle semplici pedine da sottoporre alla paura dell'inevitabile: la distruzione del pianeta.

Come sono attuali e profetiche le parole della Chiesa che, nella costituzione conciliare *Gaudium et Spes*[15], ricorda:

> Gli uomini, in quanto peccatori, sono e saranno sempre sotto la minaccia della guerra fino alla venuta di Cristo, ma in quanto riescono, uniti nell'amore, a vincere il peccato, essi vincono anche la violenza, fino alla realizzazione di quella parola divina: 'Con le loro spade costruiranno aratri e falci con le loro lance; nessun popolo prenderà più le armi contro un altro popolo, ne si eserciteranno più per la guerra' (Is 2,4).

1.1. Francesco d'Assisi e la 'rivelazione' della pace come vocazione e missione

Una peculiarità. Ecco come chiamerei nell'esperienza di Francesco d'Assisi, il rapporto vocazione missione, pace. Il poverello proprio perché accoglie nella sua vita la pace, che è Cristo stesso, si fa portatore di questa ai fratelli, un vero e costante impegno di pacificazione dei cuori.

L'itinerario inizia fin dalle prime battute, se così potrei dire, i desideri in armi, coltivati e sognati, si trasformano in altrettanto impegno, frutto della

---

[15] *Gaudium et spes* n. 78.

conversione e dell'incontro col Principe della pace, il Signore Gesù, per annunziare al mondo e ad ogni uomo la pace di Cristo.

La costruzione della Chiesa, che il Crocifisso di San Damiano chiede a Francesco in ricerca del volere del Signore, indica proprio, in quell'immagine pasquale, il dono pasquale per eccellenza, la pace – *pace a voi!* – come impegno per costruire la Chiesa nei cuori degli uomini. Non si spiegherebbero le parole – una preghiera costante – che, al Cristo crocifisso e vivente, rivolge il figlio di Pietro di Bernardone[16]:

Altissimo, glorioso Dio,
illumina le tenebre de lo core mio.
E dame fede dritta, speranza certa e caritade perfetta,
senno e cognoscemento, Signore,
che faccia lo tuo santo e verace comandamento Amen.

Il teologo Bonaventura rilegge l'episodio evidenziando: "Tornato finalmente in sé, si accinge a obbedire, si concentra tutto nella missione di riparare la chiesa di mura, benché la parola divina si riferisse principalmente a quella Chiesa che Cristo acquistò con il suo sangue, come lo Spirito Santo gli avrebbe fatto capire e come egli stesso rivelò in seguito ai frati"[17].

Il riferimento esplicito è a ciò che Francesco ricorderà nel suo Testamento; questo sarà proprio, nella logica delle rivelazioni avute, il vivere secondo la forma del santo Vangelo e il saluto – missione – della pace[18].

Anzi vi è un caratteristico episodio narratoci dalle fonti che richiama quasi una predizione, che poi si adempie, in questo compito di essere portatore al mondo della pace che è salvezza, in Cristo salvatore.

Prima della sua conversione, nell'annunzio del saluto di pace egli aveva avuto un precursore, il quale percorreva di frequente Assisi salutando con il motto: 'Pace e bene! Pace e bene!'. Nacque poi la ferma convinzione che, come Giovanni il Precursore si tirò in disparte appena Gesù cominciò a predicare, così anche quell'uomo, simile ad un secondo Giovanni, precedette Francesco nell'augurio di pace e dopo l'arrivo di lui andò a scomparire[19].

---

[16] PCr 1-7: FF 276.
[17] LegM 2,1: FF 1038.
[18] Cfr 2Test 14.23: FF 116.121.
[19] 3Comp 26: FF 1428.

Certo un ricordo singolare, ma diviene espressivo di quella reale e sana abitudine che prese ad avere il servo di Dio, seguendo ed attuando la rivelazione del Signore ricevuta; difatti ogni qualvolta iniziava a parlare salutava con quelle parole rivelategli avendo chiara consapevolezza che come conseguenza di ciò: "Perfino nobili e principi di questo mondo mostreranno riverenza a te e agli altri frati in grazia di questo saluto"[20], dirà ad un confratello meravigliato dalla novità di questa modalità.

La vocazione accolta, di vivere il Vangelo, diviene in Francesco missione di portare il Vangelo. Un Vangelo che è annunzio e testimonianza del Principe della Pace, Salvatore dell'uomo.

La pace che annunziate con la bocca, abbiatela ancor più copiosa nei vostri cuori. Non provocate nessuno all'ira o allo scandalo, ma tutti siano attirati alla pace, alla bontà e alla concordia dalla vostra mitezza. Questa è la nostra vocazione: curare le ferite, fasciare le fratture e richiamare gli smarriti. Molti che ci sembrano membra del diavolo, un giorno saranno discepoli di Cristo.

Francesco ha chiaro ciò che gli chiede il Signore, frutto di quell'incontro con il Vangelo che cambiò la sua stessa vita:

'Strada facendo, predicate che il regno dei cieli è vicino. Guarite gli infermi, risuscitate i morti, sanate i lebbrosi, cacciate i demoni. Gratuitamente avete ricevuto, gratuitamente date. Non procuratevi oro, né argento, né moneta di rame nelle vostre cinture, né bisaccia da viaggio, né due tuniche, né sandali, né bastone, perché l'operaio ha diritto al suo nutrimento' (Mt 10,7-10). 'Andate: ecco io vi mando come agnelli in mezzo ai lupi; non portate borsa, né bisaccia, né sandali e non salutate nessuno lungo la strada. In qualunque casa entriate, prima dite: Pace a questa casa' (Lc 10,3-5)[21].

Espressioni che Francesco ricorda pedissequamente nelle sue regole[22] a riprova di un Vangelo accolto e fatto vita, proposto come dono dell'Altissimo e posto in quella rivelazione personale in cui si incentra la sua esistenza: "Nessuno mi mostrava che cosa dovessi fare, ma lo stesso Altissimo mi rivelò che

---

[20] CAss 101 : FF 1642 [1619]. Cfr 3Comp 26: FF 1428; LegM 3,2: FF 1052.
[21] 3Comp 58: FF 1469.
[22] Cfr Rnb 14,1-2; 16,1: FF 40;42; Rb 3,13: FF 86.

dovevo vivere secondo la forma del santo Vangelo"[23].

La vocazione evangelica di Francesco fa suo – *sine glossa* – il Vangelo, modellandolo alla luce di ciò che il Signore stesso gli rivela, gli fa capire, gli dona di comprendere.

Un vero percorso di conversione e di vita evangelica che si evolve; ma che, ben possiamo dire, ha fin dall'inizio il motivo della pace come missione da vivere e donare.

Conoscendo la situazione storica dei tempi di Francesco si comprende ancora meglio questa missione, che non limita la vocazione evangelica ma la espande verso orizzonti profetici ed universali[24].

Come il Signore rivela a Francesco di vivere secondo il Vangelo, così gli rivela di donare al mondo il saluto della pace: *Il Signore ti dia pace!*

Siamo dinanzi ad un'unica vocazione che si specifica, per questo dicevo una peculiarità. E che, chiaramente, si specifica con dei risvolti storici propri dei tempi contemporanei al Poverello e con quella linea evangelica che vede proprio nella pace il dono nuovo del Risorto che pacifica l'animo dell'uomo.

Profezia che si annunzia, ma ugualmente profezia che si compie; se è vero che l'uomo, anche quello di oggi e non solo quello del tempo di Francesco, ha impellente bisogno di trovarsi pacificato dentro, per essere strumento di pacificazione.

Siamo dinanzi ad una risposta che "non è solo l'auspicio al venir meno di contrasti e contese, ma è soprattutto l'augurio di affrancarsi dalla logica del mondo, del possesso, del potere, dell'affermazione di sé, come condizione per poter realizzare la pace"[25].

Ritrovarsi, così, figli dello stesso Padre celeste, dello stesso Dio del cielo, dello stesso Altissimo onnipotente bon Signore:

"Beati i pacifici – dirà Francesco citando il Vangelo – poiché saranno chiamati figli di Dio. Sono veri pacifici coloro che, in tutte le cose che sopportano in questo mondo, per l'amore del Signore nostro Gesù Cristo, conservano la pace nell'anima e nel corpo"[26]. Francesco lo dice, lo annunzia … è pacifico. Invita al perdono, alla riconciliazione, alla pace dell'anima e del corpo:

---

[23] 2 Test 14: FF 116; cfr Rnb 14,1-6: FF 40; Rb 3,10-14: FF 85-86.

[24] Un ottima biografia con questi continui risvolti storici è quella di: CARDINI F., *Francesco d'Assisi*. Milano 1994.

[25] MICCOLI G., *Francesco d'Assisi. Realtà e memoria di un'esperienza cristiana*. Torino 1991, 60.

[26] Am 15,1-2: FF 164. Vedi: CONTI M., *Temi di vita e di spiritualità del francescanesimo delle origini*. Roma 1996, 119-153.

'Grande vergogna è per noi, servi di Dio, che il vescovo e il potestà si odino talmente l'un l'altro, e nessuno si prenda pena di rimetterli in pace e concordia'. Compose allora questa strofa, da aggiungere alle Laudi: *Laudato si, mi Signore, per quelli ke perdonano per lo tuo amore e sustengu enfirmitate et tribulacione. Beati quilgli kel sosterranno in pace ka da te, Altissimo, sirano coronati…* 'Andate e cantate il Cantico di frate Sole alla presenza del vescovo e del podestà e degli altri che sono con loro. Ho fiducia nel Signore che renderà umili i loro cuori, ed essi faranno pace e torneranno all'amicizia e all'affetto di prima'[27].

Gesti semplici, ma ugualmente efficaci, convinti, frutto della consapevolezza della sua missione, di quel volere del Signore rivelatogli. Siamo dinanzi ad una "proposta di un modo diverso di porsi rispetto agli altri, che ha solo in se stesso la sua forza e solo nel riferimento a Cristo la sua giustificazione"[28].

Francesco fa un cammino interiore che lo pacifica interiormente e lo fa testimone della pace, cioè della presenza del Signore. Lo Spirito di Dio modella e dispone, fa rendere conto di ciò che si è e di come ci si debba di conseguenza comportare. Quanta eloquenza di vita vissuta in queste espressioni questa volta della regola non bollata:

Lo spirito del Signore vuole che la carne sia mortificata e disprezzata, vile e abietta e obbrobriosa, e ricerca l'umiltà e la pazienza, la pura semplicità e la vera pace dello spirito, e sempre desidera sopra ogni cosa il divino timore e la divina sapienza e il divino amore del Padre e del Figlio e dello Spirito Santo[29].

Una pace vera che si porta dentro e che diviene annunzio di pace.

"Questa pace egli annunziava sempre sinceramente a uomini e donne, a tutti quanti incontrava o venivano a lui. In questo modo molti che odiavano insieme la pace e la propria salvezza, con l'aiuto del Signore abbracciavano la pace con tutto il cuore, diventando essi stessi figli di questa pace e desiderosi della salvezza eterna"[30].

Siamo in un *continuum* che vede, prima, l'esperienza della pace interiore in cui il proprio rapporto col Signore si attua e si approfondisce; con la

---

[27] CAss 84: FF 1616 [1583]; cfr Cant 23-26: FF 263.
[28] MICCOLI G., *Francesco d'Assisi…* o. c., 61.
[29] Rnb 17,14-16: FF 48.
[30] 1Cel 23: FF 359.

consapevolezza, poi della propria missione di portatore di pace, come il saluto rivelatogli gli attesta e fa comprendere; fino alla missione di pace nella ricerca della scoperta, in una vita convertita e fedele, di quella pace che ci pone nel mondo da figli e fratelli che si vogliono bene e che sono orientati unicamente alla ricerca della salvezza eterna.

Sarà proprio la salvezza dell'altro la vera preoccupazione dell'uomo che vive pacificato. La rivelazione del saluto che Francesco pone come costante *slogan* ogni qualvolta si rivolge agli astanti annunziando le fragranti parole del suo Signore, nasconde proprio questa verace preoccupazione: "Come i profeti annunciava la pace, predicava la salvezza e, con le sue ammonizioni salutari, riconciliava in un saldo patto di vera amicizia moltissimi che prima, in discordia con Cristo, si trovavano lontani dalla salvezza"[31].

La pace proprio perché non è un proclama vuoto diviene, per Francesco e la sua nascente fraternità, impegno di uno stile di vita che, colmo di atteggiamenti evangelici, ne proclama l'efficacia e combatte ogni funesto comportamento che provochi scandalo ed allontani dal riconoscere, invece, all'opera lo Spirito del Signore.

"Consiglio, poi, ammonisco ed esorto i miei frati nel Signore Gesù Cristo, che quando vanno per il mondo, non litighino ed evitino le dispute di parole e non giudichino gli altri; ma siano miti, pacifici e modesti, mansueti e umili, parlando onestamente con tutti, così come conviene"[32].

Annunziare il Vangelo sarà, per il Poverello, portare la pace, far conoscere il Signore ed imprimerlo nella mente e nel cuore. Scriverà ai suoi frati: "Lodatelo perché è buono ed esaltatelo nelle opere vostre poiché per questo vi mandò per il mondo intero, affinché rendiate testimonianza alla voce di lui con la parola e con le opere e facciate conoscere a tutti che non c'è nessuno onnipotente eccetto lui"[33].

Né esclusioni, né barriere, ma 'tutti', tutti gli uomini, sono chiamati a conoscere ed accogliere nel cuore la 'voce di lui': buona novella dell'evangelo che pone nella pace. Ciò non si adempie con armi umane, ma con l'esempio e la parola dello Spirito che pacifica, come dicevamo, il cuore degli uomini di buona volontà che, come i semplici pastori di Betlemme, si sentono guidati interiormente ad accogliere in Gesù il Principe della Pace.

Pregherà Francesco, nell'ufficio della passione, il giorno di Natale:

---

[31] LegM 3,3: FF 1052.
[32] Rb 3,10-11: FF 85. Cfr Rnb 11,1-13: FF36-37.
[33] LOrd 8-9: FF 216.

In quel giorno il Signore ha mandato la sua misericordia e nella notte il suo cantico.

Questo è il giorno, che ha fatto il Signore: esultiamo in esso e ralle-griamoci.

Poiché il santissimo bambino diletto è dato a noi e nacque per noi lungo la via e fu posto nella mangiatoia, perché non aveva posto nell'albergo.

Gloria al Signore nell'alto dei cieli, e pace in terra agli uomini di buona volontà[34].

La gioia e il gaudio di Francesco per il natale lo fanno "bambino con il Bambino"[35], a riprova di aver accolto nelle propria vita la nascita del Salvatore che rinnova ogni cosa. Anzi proprio perché "la sua aspirazione più alta, il suo desiderio dominante, la sua volontà più ferma era di osservare perfettamente il santo Vangelo e di seguire fedelmente con tutta la vigilanza, con tutto l'im-pegno, con tutto lo slancio dell'anima e il fervore del cuore l'insegnamento del Signore nostro Gesù Cristo e di imitarne le orme"[36], accoglie, con la sem-plicità e povertà dei pastori, l'annunzio della pace che a Betlemme viene dato al mondo intero.

Quanta dolcezza di espressioni e dunque di vita conseguente, nel riba-dire che il santo Bambino a noi è donato, per noi nacque, anzi nacque lun-go la via e fu posto nella mangiatoia, a sottolinearne volutamente la scelta di precarietà, di essenzialità, di povertà, come scelta d'amore che pacifica il cuore di ogni uomo[37].

Sarà quest'esperienza interiore a far si che si possa tradurre, costan-temente, una pace che si porti dentro con una pace che si doni agli altri, proprio perché una pace donata non si può che donare.

L'impegno ad essere paziente, come risposta al suo ritrovarsi figlio di Dio, che come dicevamo Francesco evidenzia nell'ammonizione quin-dicesima, diviene banco di prova di questo vitale passaggio: tra una pace accolta, vissuta e donata.

Difatti, se Francesco specifica l'essere pacifico riconnettendolo alla be-atitudine dei pacifici di Matteo: "Beati i pacifici, poiché saranno chiamati

---

[34] Uff Pass *Salmo a vespro nel Natale del Signore* 15, 5-8: FF 303.

[35] 2Cel 35: FF 621.

[36] 1Cel 84: FF 466.

[37] Cfr ACCROCCA F., *"Natus fuit pro nobis in via" (Off. Pass XV,7). Gregorio Magno fonte di Francesco d'Assisi*, in ColFr 70 (2000) 337-343.

figli di Dio"[38], lo stesso riferimento biblico lo troviamo quando parla della pazienza:

"Beati i pacifici, perché saranno chiamati figli di Dio. Il servo di Dio non può conoscere quanta pazienza e umiltà abbia in sé, finché gli si dà soddisfazione. Quando invece verrà il tempo in cui quelli che gli dovrebbero dare soddisfazione gli si mettono contro, quanta pazienza e umiltà ha in questo caso, tanto ne ha e non di più"[39].

Concetti richiamati ancora, nelle ammonizioni, nel passaggio: "Dove è pazienza e umiltà, ivi non è ira né turbamento"[40].

Vi è dunque un vero e proprio cammino di pacificazione interiore che passa da quell'esperienza di conversione che Francesco vive, alla stessa rivelazione di un saluto che ne specifica il senso e dona l'orientamento missionario della propria vocazione. Ugualmente questo itinerario dice lavorio interiore: l'essere figli, nel Figlio, riconoscendo Dio come padre provvidente, ci chiede di accogliere l'altro come dono, ci chiede di costruire, con pazienza ed amore, l'armonia, la concordia, la riconciliazione, il perdono, la pace.

Se "l'ira e il turbamento impediscono la carità in sé e negli altri"[41], di contro dobbiamo combattere ogni peccato per farci araldi di pace e concordia; cosa che soltanto l'operare di Dio in noi può pienamente attuare.

Pregherà Francesco, nel commento al *Pater*:

"Signore, fa' che pienamente perdoniamo, cosicché per amore tuo, amiamo sinceramente i nemici e devotamente intercediamo per loro presso di te, non rendendo a nessuno male per male e impegnandoci in te ad essere di giovamento in ogni cosa"[42].

La vita con le sue contrarietà, difficoltà, ansie, preoccupazioni, può essere il luogo in cui si può perdere la pace; se invece si saprà vivere da figli di Dio accogliendo la sua Parola, il suo Vangelo di salvezza, crescendo nell'accoglienza del suo Spirito in noi che rappacifica ogni cosa – "Desiderare di avere lo Spirito del Signore e la sua santa operazione"[43] – allora, la

---

[38] Am 15, 1: FF 164.

[39] Am 13, 1-2: FF 162.

[40] Am 24, 2: FF 177.

[41] Rb 7,3: FF 95.

[42] Pater 8: FF 273.

[43] Rb 10,8: FF 104. E prosegue (10,9-12): "Di pregarlo sempre con cuore puro e di avere umiltà, pazienza nella persecuzione e nell'infermità, e di amare quelli che ci perseguitano e ci riprendono e ci accusano, poiché dice il Signore: 'Amate i vostri nemici e pregate per quelli che vi perseguitano e vi calunniano; beati quelli che soffrono persecuzione a causa della giustizia, poiché di essi è il regno dei cieli. E chi persevererà sino alla fine, questi sarà salvo' (Mt 5,44; 5,10; 10,22)".

risposta fedele alla propria vocazione cristiana, vocazione ad essere e portare la pace, si concretizzerà in pienezza.

Le "fragranti parole del mio Signore". Così Francesco chiama il *verbum Domini* che si fa servizio in uno scrivere che rivela umiltà e determinazione – "mediante la presente lettera e messaggio, mi sono proposto di riferire a voi, le parole del Signore nostro Gesù, che è il Verbo del Padre, e le parole dello Spirito Santo, che sono spirito e vita – per una comunione, fatta anche di parole, dette e scritte, che vede il Poverello impegnato a concretare ciò che già era il saluto con cui si presentava: "A tutti i cristiani … ossequio rispettoso, *pace vera dal cielo e sincera carità nel Signore*"[44].

Ed ecco dove si concretizza questo saluto, questo augurio, questo annunzio di salvezza, che richiama la consapevolezza della propria vocazione cristiana ad essere figli, sposi, fratelli, madri, che ci fa uomini e donne in comunione con il proprio Signore, nell'adempiere il suo santo volere che è salvezza per noi, nel donare questo tesoro agli altri, a tutti coloro che Iddio stesso ci darà grazia di incontrare.

A proposito dell'essere fratelli e madri di Gesù, ricorda:

> Siamo sposi, quando nello Spirito Santo l'anima fedele si unisce a Gesù Cristo. Siamo suoi fratelli quando facciamo la volontà del Padre suo, che è nel cielo. Siamo madri, quando lo portiamo nel nostro cuore e nel nostro corpo attraverso l'amore e la pura e sincera coscienza, e lo generiamo attraverso il santo operare, che deve risplendere in esempio per gli altri[45].

In questa consapevolezza Francesco ribadisce il ritrovarsi pacifico:

> Oh, come è santo, come è delizioso, piacevole, umile, *pacifico*, dolce e amabile e sopra ogni cosa desiderabile avere un tale fratello e figlio, il quale offrì la sua vita per le sue pecore e pregò il Padre per noi[46].

La vita evangelica, l'annunzio di pace, diviene, perché no, sano orgoglio nel desiderio di riportare tanti al Signore, la fraternità dei minori si specifica anche per questo, e per questo fa gioire il suo fondatore e padre: "Cercava la salvezza delle anime con pietà appassionata, con zelo e fervida gelosia, e perciò diceva che si sentiva riempire di profumi dolcissimi e, per

---

[44] 2Lf 3.1: FF 180.179; corsivo mio.
[45] 2Lf 51-53: FF 200.
[46] 2Lf 56: FF 201.

così dire, cospargere di unguento prezioso, quando veniva a sapere che i suoi frati sparsi per il mondo, con il profumo soave della loro santità, inducevano molti a tornare sulla retta via"[47].

Siamo in quella perfetta sintonia di una risposta al volere del Signore che trova nel saluto di pace quell'impegno che contraddistingue la vita evangelica del Poverello e che si fa, nella proposta della sua fraternità nascente, sfida per rinnovare il cuore dell'uomo.

La vocazione a vivere il Vangelo non può che essere la missione della pace da donare al mondo, nel nome di Gesù, la vera pace che illumina ogni uomo. Una missione che coinvolge non solo la sfera della vita nello spirito, ma si traduce in desiderio e attuazione di pace sociale, di concordia tra i popoli, in riconciliazione tra le fazioni: si bandisce ogni odio, vendetta, guerra, per una vita nuova.

È questa la vita nuova che si attua nell'incontro con Cristo Signore. Lui è il Signore. "Io sono la via, la verità e la vita (Gv 14,6). Teniamo dunque ferme le parole e l'insegnamento e il santo Vangelo di colui che si è degnato di pregare il Padre e manifestarci il nome di lui"[48].

Questa novità è vita risorta che porta la pace, combatte ogni menzogna perché è verità; verità che fa liberi (cfr Gv 8,32).

Le manifestazioni contrarie appunto, guerra, sopraffazione, vendetta, odio, non possono che essere riprova dell'opera del divisore, il diavolo, il serpente antico, il nemico.

Tra la verità che è Cristo e il divisore, il Diavolo, vi è un rapporto antitetico; ne consegue che il padre della menzogna (cfr Gv 8,43-45) produce menzogna. In chi l'accoglie, conseguentemente, si realizza ciò che Francesco con disarmante chiarezza ricorda: "Ingannati dal diavolo, di cui sono figli e ne compiono le opere, costoro sono ciechi, poiché non vedono la vera luce, il Signore nostro Gesù Cristo"[49].

Chi segue il padre della menzogna non potrà mai essere nella verità, non potrà mai comprendere la verità, non potrà mai credere in Gesù e non potrà mai ascoltare, capire, sintonizzarsi con le sue divine parole.

Con acuto senso psicologico, che è il risvolto dell'esperienza vissuta e dell'opera dello Spirito in lui, Francesco ricorderà con chiarezza: "Guardiamoci bene dalla malizia e dall'astuzia di Satana, il quale vuole che l'uomo non abbia la sua mente e il cuore rivolti al Signore; e girandogli intorno, desi-

---

[47] LegM 8,3: FF 1138.
[48] Rnb 22,40-41: FF 61-62.
[49] 2Lf 66: FF 203.

dera distogliere il cuore dell'uomo con il pretesto di una ricompensa o di un aiuto, e soffocare la parola e i precetti del Signore dalla memoria"[50].

Un vero percorso, all'indietro, del cammino di pace interiore, che ha come conseguenza l'impossibilità a testimoniare e donare ai fratelli, come saluto e vita, le parole del Risorto: 'Pace a voi!' (Gv 20,19.21.26), che il frate minore al contrario deve attuare.

Ecco perché Francesco nel saluto alle virtù ricorderà che è proprio nella sapienza della Parola ogni sconfitta del tentatore, sapienza in cui deve abitare il cuore dell'uomo: "La santa sapienza confonde Satana e tutte le sue malizie. La pura santa semplicità confonde ogni sapienza di questo mondo e la sapienza della carne"[51].

La pace si costruisce scacciando quella pretesa di superiorità e potere che è insita in noi: "Tutti noi frati guardiamoci – raccomanda il Poverello – da ogni superbia e vana gloria, e difendiamoci dalla sapienza di questo mondo e dalla prudenza della carne. Lo spirito della carne, infatti, vuole e si preoccupa molto di possedere parole, ma poco di attuarle"[52].

Con quanta sapienza dello Spirito, semplicità e fede, Francesco dirime le contese che sono opera del divisore. Episodio emblematico quello dello scacciare i demoni da Arezzo, città "scossa dalla guerra civile", che tramite l'intercessione di frate Francesco e di frate Silvestro, "uomo di Dio e di ragguardevole semplicità", divenendo tramite della preghiera del Poverello, fa ritrovare la pace alla città: "Immediatamente la città torna in pace e tutti i cittadini, in perfetta tranquillità, si adoperano a ripristinare tra loro i diritti della convivenza civile"[53].

Siamo dinanzi ad una risposta di pace che si traduce in gesti concreti, che è frutto di una vita pacificata, che ritrova armonia e serenità, in quella semplicità e con quello sguardo di fede che allontana ogni possibile connessione con il divisore. La pace diviene frutto maturo di una vita evangelica che accoglie e vive la Parola del Signore.

L'esperienza diretta dell'aver avuto 'rivelato' dal Signore il saluto di pace

---

[50] Rnb 22,19-20: FF 59. E prosegue citando il vangelo (cfr Mt 12,43-45; Lc 11,24-26) [22,21-24]: "E vuole accecare il cuore dell'uomo attraverso gli affari e le preoccupazioni di questo mondo, e abitarvi, così come dice il Signore: 'Quando lo spirito immondo è uscito da un uomo, va per luoghi aridi e senz'acqua in cerca di riposo; e poiché non lo trova, dice: Tornerò nella mia casa da dove sono uscito. E quando vi arriva, la trova vuota, spazzata e adorna. Allora va e prende con sé altri sette spiriti peggiori di lui, poi entrano e vi abitano, sicché l'ultima condizione dell'uomo diventa peggiore della prima'".

[51] Salvir 9-10: FF 258.

[52] Rnb 17,9-11: FF 48.

[53] LegM 6,9: FF 1114; cfr 2Cel 108: FF 695.

rimane, indelebilmente, iscritta in quella vocazione evangelica di Francesco, che lo portò ad essere missionario del vangelo della pace, verso ogni uomo che incontrava; così come, deputò la stessa fraternità dei minori, a farsi testimone della pace che si portava nel cuore e che, ancora oggi, in un semplice saluto – il Signore ti dia pace – rimane risposta audace di una vita che non può che essere vissuta col Signore e nella pace.

1.2. Francesco d'Assisi pellegrino di pace in Oriente

Siamo nella logica di una vocazione che si compie e di una missione che diviene annunzio e testimonianza dell'accogliere, nella vita di Francesco, il suo struggente desiderio di andare tra gli infedeli, per portare la parola pace nella terra di Gesù, di andare con la forza della fede e con l'amore travolgente per il suo Signore a seminare l'annunzio del Vangelo della pace tra quelli che non lo conoscevano o lo rinnegavano[54].

La vocazione di Francesco, come precedentemente abbiamo visto si pone nell'ambito della missione dell'annunzio del Vangelo della pace, ma, credo importante ribadire, questa missione di 'riparazione' della Chiesa stessa, si pone nella novità di un rapporto con i 'saraceni' che non può essere dimesso o quasi dimenticato.

Francesco può vantare nel suo *curriculum vitæ*, se così posso dire, l'esperienza della guerra; di più, della prigionia a Perugia; dei desideri mondani di conquista, se è vero che parte per le Puglie nel tentativo di attendere un blasone da cavaliere che lo potrà contrassegnare come paladino per liberare in armi i luoghi santi dai nemici della cristianità, come venivano visti i saraceni in quei contesti.

In questo frangente bellico gli si svela, nel sogno di Spoleto, la missione di una vita che in Cristo accolga tutti – "amico o avversario, ladro o brigante"[55] – dunque anche i saraceni e di contro, dai particolari che se ne deducono dalle fonti, così facendo replica alla scelta dell'impegno in armi, che allora era stato indetto dal papa per liberare Gerusalemme: la crociata[56].

---

[54] Cfr BEER (D.F.) F., *Francesco e l'Islam*, in Conc 17 (1981) n.9, 26-42; GALLO F., *L'incontro tra san Francesco e il sultano sulle basi dei testi e delle Fonti Francescane*, in *Vita Minorum* 78 (2008) 143-165; HOEBERICHTS J., *Francesco e l'Islam*. Padova 2002; JEUSSET G., CLAVERIE P. (prefazione di), *Francesco e il Sultano*. Milano 2008; LEMMENS L., *Sancto Francisco Christum predicante coram sultano Aegypt*, in AFH 19 (1926) 559-578; MARGIOTTI F., *Missione*, in DF 1151-1166; TOLAN J., SAMPAOLO M. (traduzione di), *Il santo dal sultano. L'incontro di Francesco d'Assisi e l'Islam*. Bari 2009.

[55] Rnb 7,14: FF 26.

[56] "Spesso oggi consideriamo queste spedizioni militari solo come forme di guerra santa, pa-

Se prima di partire per le Puglie gli era apparso mentre dormiva "un personaggio il quale chiamandolo per nome, lo guidò in un palazzo di indicibile magnificenza e bellezza, pieno di armi militari e con splendenti *scudi crociati* appesi alle pareti da ogni parte. E quando gli chiese di chi fossero quelle armature così rifulgenti e quel palazzo così ameno, dalla sua guida ricevette questa risposta: Tutte queste cose, compreso il palazzo, sono tue e dei tuoi cavalieri"[57].

Dopo, durante quel viaggio, come si diceva, a Spoleto, ha, sempre in sogno, questa rivelazione: "'Chi può essere più utile: il padrone o il servo?'. E avendo lui risposto: 'Il padrone', quello rispose: 'Perché dunque abbandoni il padrone per il servo, e il principe per il suddito?'"[58].

Bonaventura significativamente pone la risposta sulla bocca del Signore, che, dopo il famoso interrogativo di Francesco: "Signore, che cosa vuoi che io faccia?", continua dicendo:

"Ritorna nella tua terra perché la visione prefigura una *realtà spirituale*, che si deve compiere in te, non per disposizione umana, ma per disposizione divina"[59].

La rivelazione di una missione che non si opererà più con armi umane bensì spirituali ha certamente un particolarissimo rapporto con la missione *ad gentes*, con l'andare tra i saraceni e gli altri infedeli, con quello spirito, come vedremo, che pur non contraddicendo apertamente le crociate, ne rivoluziona il senso. Non più le armi di guerra, ma le armi del dialogo e del confronto, nella missione di annunziare la verità che è Cristo, unico salvatore dell'uomo.

"La follia di Francesco … era una forma di contestazione compiuta attraverso i fatti: di fronte alla ragionevolezza delle crociate, che erano iniziative ideologiche, con fondamenti anche religiosi, ma certamente fortemente strumentalizzate anche da altre motivazioni, contro l'indulgenza plenaria che veniva data a chi andava a conquistarsi una contea o un baronato in Terra Santa, Francesco proponeva l'indulgenza plenaria della Porziuncola.,

---

ragonabili alla *jihad* islamica. Questa dimensione è certo innegabile, ma non bisogna dimenticare che durante il Medioevo esisteva una vera e propria spiritualità della crociata. Diventare crociati, infatti, non era un semplice gesto rituale, ma implicava, per coloro che ne avevano fatto voto e per le loro spose, l'adozione, talvolta per numerosi anni, di uno stile di vita ascetico e pio": VAUCHEZ A., CRACCO G. (introduzione di di), *La spiritualità dell'occidente medioevale*. Milano 2006³, 145.

[57] Anper 5: FF 1491.
[58] 3Comp 6: FF 1401.
[59] LegM 1,3: FF 1032.

oppure – appunto – andava a parlare di Gesù al Sultano"[60].

Siamo dunque dinanzi non ad una scelta manifesta che rifiuta le stesse indicazioni del papa, bensì a quella insolita ed efficace proposta evangelica, per quei tempi veramente insolita ed efficace nelle modalità e nell'obbedienza, che si traduce in gesti profetici e rivoluzionari. Una mentalità e un modo di fare che non può che far riflettere, anche nell'oggi, ogni uomo di buona volontà che pur volendo rimanere fedele alle indicazioni della Chiesa va oltre queste stesse, tramite una testimonianza che non può avere appelli, perché è Vangelo vivente.

"Francesco non parla della crociata, non discetta sul *bellum iustum* o meno, non si fa alfiere zelante d'un *non occides* che, preso alla lettera, avrebbe fatto indebita astrazione da parecchi secoli di magistero della Chiesa su quel tema. Egli supera il problema con quell'amore inimitabile del quale Agostino dice che, quando lo si possegga perfettamente, si può fare quel che si vuole"[61].

Un amore che travalica qualsiasi indicazione possa offendere l'uomo, cosa non tanto patrocinata dalla mentalità medioevale, secondo la quale, per esempio, l'uccisione dell'infedele, come propugnava san Bernardo, era vista non un omicidio, ma una cosa gradita all'Onnipotente e che eliminava il male[62]. Francesco non è di certo di questo avviso, anzi tutt'altro, potremmo dire che il Poverello "aiuta la cristianità a dissociare la riforma religiosa dalla crociata bellicosa, la quale pretendeva di vincere con la violenza l'Islam. Egli invece annunzia la pace del vangelo, che è dono dell'alto e la vittoria di Cristo ottenuta con la passione e morte, egli deve mostrare che il vangelo non ha mai bisogno della spada per difendere i diritti di Dio"[63].

L'essere portatori del Vangelo, che è regola e vita nell'esperienza del Po-

---

[60] BETTAZZI L., *La 'pazzia' della pace*, in *Francesco un 'pazzo' da slegare. "Il Signore mi ha rivelato essere suo volere che io fossi pazzo nel mondo"*. Assisi 1983, 235. Vedi tutto l'interessante intervento: 228-240.

[61] CARDINI F., *"Nella presenza del soldan superba". Bernardo, Francesco, Bonaventura e il superamento spirituale dell'idea di crociata*, in SF 71 (1974) 233. E l'autore continua: "Dinanzi alla crociata, come dinanzi ad altre questioni nelle quali certi moderni amerebbero cogliere l'eco di un esplicito e magari conclamato dissenso francescano rispetto alla politica pontificia e alla pratica ecclesiastica, manca in lui qualsiasi *vis* polemica, qualsiasi motivo di distinzione o di personale dissociazione. Come egli non ha predicato la povertà assoluta di tutti i cristiani ma solo dei suoi seguaci, così non ha predicato il disarmo di tutti, ma solo dei cavalieri di Cristo e suoi; e pertanto non ha giudicato per niente in blocco la crociata, ricordando soprattutto che tale impresa era stata voluta da quella Chiesa alla quale si deve il medesimo grandioso e fiducioso rispetto in forza di cui i fanciulli non dubitano mai della loro madre e dei suoi ordini; alla Chiesa, cui si deve la vera *obedientia* sostanziata non solo da ossequio formale, ma soprattutto d'intima carità".

[62] BERNARDO DI CHIARAVALLE, *De laude novae militiate*, in PL 182, 924.

[63] BASETTI-SANI G., *La chiesa in crisi alla fine del sec. XII e inizio del sec. XIII*, in Conc 4 (1968) n. 7, 32.

verello e della sua fraternità, al mondo, fa dell'ordine dei minori un ordine missionario. Francesco fu un missionario della pace, desideroso del martirio e fermamente convinto che solamente in Cristo, e nell'accoglienza della sua persona e del suo insegnamento, vi era la salvezza.

Non per nulla, ed è la prima volta che nella Chiesa si può leggere con tale chiarezza una scelta del genere, nella sua Regola, approvata oralmente prima da Innocenzo III e poi definitivamente nel 1223 da Onorio III, si può leggere un esplicito riferimento relativo alla missione *ad gentes*, come la si chiama oggi, cioè verso i lontani anche geograficamente dalla fede:

"Tutti quei frati che per divina ispirazione, vorranno andare tra i saraceni e tra gli altri infedeli, ne chiedano il permesso ai loro ministri provinciali. I ministri poi non concedano a nessuno il permesso di andarvi se non a quelli che vedranno idonei ad essere mandati"[64].

E citando il già ricordato passo dell'evangelo di Matteo ricorderà: "Ecco, io vi mando come pecore in mezzo ai lupi. Siate dunque prudenti come serpenti e semplici come colombe"[65].

Il senso sarà sempre lo stesso, come già richiamavamo sopra, la passione per guadagnare a Cristo gli uomini, per portali a Lui, per fargli accogliere il Vangelo che è l'unico modo per salvarli.

"Io vi dico in verità – dirà un giorno al vescovo Ugolino di Ostia – che Dio ha scelto e mandato i frati per il bene e la salvezza delle anime di tutti gli uomini del mondo: non solo nei paesi dei fedeli, ma anche in quelli degli infedeli essi saranno accolti e guadagneranno molte anime"[66].

Il 'guadagnare' le anime nella logica evangelica che Francesco fa sua, perchè rivelatagli dal Signore, non si tradurrà in un andare dietro alle crociate del tempo; ma, sempre evangelicamente parlando, in modo prudente e semplice, andare a portare la parola di pace e di riconciliazione a questi popoli nell'invito ad accogliere in Cristo la salvezza.

Nella vita del frate minore, questa missione, si attua come vera vocazione nella vocazione: andare tra gli infedeli. Ciò fu quello che desiderò più volte Francesco e che poté attuare in un famoso e particolarissimo viaggio che ne segnerà la vita, il cuore e l'animo ed anche ahimè il fisico

---

[64] Rb 12,1-2: FF 107. Vedi il mio: BADALAMENTI M., ACCROCCA F. (presentazione di), *La nostra vita è il Vangelo. Note esistenziali sulla Regola dei Frati Minori.* S. Maria degli Angeli-Assisi (Pg) 2009, 369-395.

[65] Rnb 16,1-2: FF 42.

[66] Spec 65: FF 1758.

purtroppo[67], che lo portò in Oriente, in Terra Santa, dal Sultano[68].

Una 'crociata' del tutto diversa da quella propugnata ed attuata ai suoi tempi!

Siamo nel 1219, verosimilmente in estate, quando Francesco salpa dall'Italia per andare in Oriente, dove già dal 1217 vi erano i frati, visto che frate Elia da Cortona fu inviato in quei luoghi come ministro[69]. Ugualmente è attestato che, dopo la missione dal sultano pur rimanendo con l'esercito crociato "notò il male e il peccato che cominciavano a crescere nell'accampamento, e ne provò tanto dispiacere che se ne andò via e si fermò per un pezzo in Siria" prima di ritornare in Italia[70]. Una missione, un viaggio voluto e desiderato visto che "infervorato dall'amore per la passione di Cristo, in quel medesimo anno in cui mandò gli altri frati, e cioè nell'anno tredicesimo della conversione, affrontò i pericoli inevitabili del mare per giungere tra gli infedeli e si recò dal Sultano"[71].

Quest'esperienza rivela ciò che fu poi la sua preoccupazione al suo ritorno, affrettato dalle situazioni che si erano venute a creare causa la sua assenza, riferita dalle parole che ritroviamo nella regola prima del 1221:

> O frati riflettiamo attentamente che il Signore dice: 'Amate i vostri nemici e fate del bene a quelli che vi odiano' (Mt 5,44), poiché il Signore nostro Gesù Cristo, del quale dobbiamo seguire le orme, chiamò amico il suo traditore e si offrì spontaneamente ai suoi crocifissori. Sono dunque nostri amici tutti coloro che ingiustamente ci infliggono tribolazioni e angustie, vergogna e ingiu-

---

[67] "... male agli occhi: preso per contagio nella promiscuità coi pellegrini e negli ospizi durante il viaggio in Terra Santa, sembra essersi trattato di congiuntivite tracomatosa, grave in sé perché provoca una permanente e progressiva diminuzione della vista fino ad una quasi cecità, ma resa assai dolorosa per i metodi di cura in uso all'inizio del duecento": MANSELLI R., *S. Francesco d'Assisi*. Roma 1981[2], 252.

[68] Cfr GOLUBOVICH G., *San Francesco e i francescani in Damiata (5 nov. 1219 – 2 feb. 1220)*, in SF 23 (1926) 307-330; JACOPOZZI N., *Dove sia avvenuta la visita di San Francesco d'Assisi al sultano Malek el Kamel*, in FrFr 2 (1925) 379-393.

[69] Cfr CronTes *Cronaca Giordano da Giano* 9: FF 2331. Ma è interessante notare che già nel 1212 Francesco aveva deciso di recarsi in quelle terre, con la medesima intenzione: "Acceso da quella carità perfetta, che caccia via il timore, bramava anch'egli di offrirsi, ostia vivente, al Signore nel fuoco del martirio, sia per rendere il contraccambio a Cristo che muore per noi, sia per provocare gli altri all'amore di Dio. A sei anni dalla sua conversione, infiammato dal desiderio del martirio, decise di passare il mare e recarsi nelle parti della Siria, per predicare la fede cristiana e la penitenza ai saraceni e agli altri infedeli. Ma la nave su cui era imbarcato, per raggiungere quel paese, fu costretta, dai venti contrari, a sbarcare dalle parti della Schiavonia". LegM 9,5: FF 1169-1170; cfr 1Cel 55: FF 418.

[70] Cfr CronTes *Storia di Eraclio* I.2.C: FF 2238.

[71] CronTes *Cronaca Giordano da Giano* 10: FF 2332. Il sultano è Melek-el-Kamel. Vedi: BASETTI-SANI G., *Saraceni*, in DF 1823-1848; CARDINI F., *Francesco* ..., o.c., 179-208.

rie, dolori e sofferenze, martirio e morte, e li dobbiamo amare molto perché, a motivo di ciò che essi ci infliggono, abbiamo la vita eterna[72].

Queste parole ci danno, possiamo ben dire, il motivo dell'andare, lo struggersi evangelico nel ritrovarsi, dinanzi al nemico, nella logica di quell'esperienza che Cristo stesso fece e che si tradusse in salvezza, accogliendo, dialogando, offrendosi per l'altro, per amore dell'altro.

Il martirio e il suo desiderio di accoglierlo nella sua vita divenne per Francesco la spinta ad attuare anche gesti, che con la logica dell'umano si potrebbero considerare inconsunti, strani, audaci, provocatori…, ma quanta sapienza evangelica invece nascondono, quanta semplicità evangelica annunziano, quanta franchezza evangelica testimoniano.

La ricerca del martirio sarà coronata con quella reale conformazione al Martire che fu Cristo su quel monte – la Verna – che gli fu donato verosimilmente proprio dopo il suo reiterato tentativo di andare oltremare dal Conte Orlando[73].

Comunque è significativo ricordare come "non si raffreddava in lui il sublime proposito e l'anelito ardente del martirio. E così poco tempo dopo [dopo il 1212], intraprese un viaggio verso il Marocco, per annunziare al Miramolino [l'emir-el-mumenin, capo dei credenti, che allora era Mohamed-ben-Nasser] e ai suoi correligionari la buona novella. […] Ma il buon Dio… affrontandolo direttamente mentre era giunto in Spagna per non farlo proseguire più oltre, sopraggiunta una malattia, lo richiamò dal viaggio che aveva intrapreso"[74].

Si comprende allora il gaudio alla notizia del primo drappello di martiri in Marocco – ora posso dire con verità di avere cinque frati minori[75] – ma quanto emblematico l'insegnamento che ne derivò; anche Francesco stesso in una delle sue ammonizioni lo ricorda:

Guardiamo con attenzione, fratelli tutti, il buon pastore, che per salvare le sue pecore sostenne la passione della croce. Le pecore del Signore l'hanno seguito nella tribolazione e nella persecuzione, nella vergogna e nella fame, nell'infermità e nella tentazione e in altre simili cose, e per questo hanno ricevuto dal

---

[72] Rnb 22, 1-4: FF 56.
[73] Cfr FiorCons 1: FF 1897-1903.
[74] 1Cel 56: FF 420.
[75] Cfr ARNALDO DE SARRANT, *Chronica XXIV Generalium Ordinis Fratrum Minorum*, in AnFr 3, 21.

Signore la vita eterna. Perciò è grande vergogna per noi, servi di Dio, che i santi hanno compiuto le opere e noi vogliamo ricevere gloria e onore con il solo raccontarle[76].

La sua esperienza oltremare renderà Francesco più consapevole del bisogno di un andare che non sia guidato da altro se non dal Vangelo; da quella forza – *dynamis* – di una Parola di Dio che diviene spada a doppio taglio nel cuore dell'uomo.

Non si spiegherebbero diversamente le eloquenti parole che, sempre dopo il ritorno dall'Oriente con molta probabilità nel corso della primavera del 1220[77], volle riferire, come frutto della sua stessa esperienza nella Regola prima, a proposito di coloro che vanno tra i saraceni e gli altri infedeli[78].

In primo luogo campeggia il testo del vangelo di Matteo, già menzionato, poi l'invio delle pecore in mezzo ai lupi e, di contro, la raccomandazione ad essere prudenti e semplici (cfr Mt 10,16). Sarà emblematicamente questo versetto evangelico che Bonaventura ricorderà nell'episodio di Francesco e il sultano: "Appena si furono avviati, incontrarono due pecorelle; il santo si rallegrò e disse al compagno: 'Abbi fiducia nel Signore, fratello, perché si sta realizzando in noi quella parola del Vangelo: 'Ecco vi mando come agnelli in mezzo ai lupi' (Mt 10,16)"[79].

Inoltre dopo il dovuto discernimento, col permesso dei ministri si dà possibilità a quei frati, che "per divina ispirazione" sono chiamati a questa missione, di andare; oculato discernimento che con parole inusuali viene ricordato da Francesco non si frapponga a considerazioni umane o opportunistiche; difatti, si afferma, il ministro "sarà tenuto a rendere ragione al Signore" se il suo comportamento non sia guidato da quella rettitudine animata dall'operare dello Spirito Santo[80].

Poi, e ripeto molto probabilmente alla luce dell'esperienza fatta da

---

[76] Am 6,1-3: FF 155. "Ognuno si glori del suo proprio martirio e non di quello degli altri", affermò un giorno dinanzi a coloro che prendevano onore dal racconto del martirio altrui": CronTes *Cronaca Giordano da Giano* 8: FF 2230.

[77] Cfr SCHMITT C., *I vicari dell'Ordine francescano da Pietro Cattani e frate Elia*, in *Francesco d'Assisi e francescanesimo dal 1216 al 1226. Società internazionale di studi francescani. Atti del IV convegno internazionale.* Assisi 1977, 241.

[78] "Il capitolo sedicesimo *De euntibus inter saraceno et alios infedeles* … risente dell'esperienza dei martiri del Marocco e, come sembrerebbe, della stessa predicazione di Francesco in Terra Santa, là dove accenna ai due modi con in quali si può essere missionari": MANSELLI R., *S. Francesco* …, o.c., 262.

[79] LegM 9,8: FF 1173.

[80] Cfr Rnb 16,1-4: FF 42.

lui e dai suoi frati[81], Francesco orienta il comportamento dei frati che vengono inviati:

> I frati poi che vanno tra gli infedeli possono comportarsi spiritualmente in mezzo a loro in due modi. Un modo è che non facciano liti né dispute, ma siano soggetti ad ogni creatura umana, per amore di Dio e confessino di essere cristiani.
>
> L'altro modo è che, quando vedranno che piace al Signore, annunzino la parola di Dio perché essi credano in Dio onnipotente Padre e Figlio e Spirito Santo, creatore di tutte le cose, e nel Figlio redentore e salvatore, e siano battezzati, e si facciano cristiani, poiché, se uno non sarà rinato dall'acqua e dallo Spirito Santo, non può entrare nel regno di Dio.
>
> Queste e altre cose, che piaceranno al Signore, possono dire ad essi e ad altri; poiché dice il Signore nel Vangelo: 'Chi mi confesserà davanti agli uomini, anch'io lo riconoscerò davanti al Padre mio che è nei cieli' (Mt 10,32); e 'Chiunque si vergognerà di me e delle mie parole, anche il Figlio dell'uomo si vergognerà di lui, quando verrà nella gloria sua e del Padre e degli angeli santi' (Lc 9,26)[82].

Questa piena conformità al Figlio di Dio, che si specifica anche con la possibilità reale di donare la propria vita per il Vangelo, viene ancora meglio specificata e ricordata da un insieme di testi evangelici che concludono il capitolo, un vero e proprio *collages* di parole del Signore che orientano ed animano scelte e comportamenti, richiamando questa volta 'tutti i frati' a ciò che deve guidare la vocazione evangelica scelta, sulle orme appunto di Cristo povero e crocifisso:

> E tutti i frati, dovunque sono, si ricordino che hanno donato se stessi e hanno abbandonato i loro corpi al Signore nostro Gesù Cristo. E per il suo amore devono esporsi ai nemici sia visibili che invisibili, poiché dice il Signore: 'Colui che perderà l'anima sua per me, la salverà per la vita eterna' (Mt 25,46).
>
> 'Beati quelli che soffrono persecuzioni a causa della giustizia, perché di essi è il regno dei cieli. Se hanno perseguitato me, perseguiteranno anche

---

[81] "Il capitolo sedici [della Rnb] può essere considerato il frutto della posizione assunta da Francesco e dai suoi frati, in base alla loro teologia della chiesa e del mondo, nei riguardi dei saraceni e dell'islam, dopo esserne venuti personalmente in contatto durante la loro visita al sultano": HOEBE-RICHTS J., *Francesco e l'Islam ...*, o.c., 81-82. Vedi: 81-223.

[82] Rnb 16,5-9: FF 43-44.

voi' (Mt 5,10; Gv 15,20). E: 'Se poi vi perseguitano in una città fuggite in un'altra. Beati voi, quando gli uomini vi odieranno e vi malediranno e vi perseguiteranno e vi bandiranno e vi insulteranno e il vostro nome sarà proscritto come infame e quando falsamente diranno di voi ogni male per causa mia; rallegratevi in quel giorno ed esultate, perché grande è la vostra ricompensa nei cieli. E io vi dico a voi miei amici: non lasciatevi spaventare da loro e non temete coloro che uccidono il corpo e dopo di ciò non possono far niente di più (Lc 6,22-23; Mt 5,11-12; 10,28; Lc 12,4).
Guardate di non turbarvi. Con la vostra pazienza infatti salverete le vostre anime. E chi persevererà sino alla fine, questi sarà salvo' (Mt 24,6; Lc 21,19; Mt 10,22; 24,13)[83].

Siamo dinanzi, e come dicevo, per la prima volta nella Chiesa, ad un tenace tentativo normativo, di una regola di un nascente Ordine religioso, che se anche sarà approvata in una forma ben diversa ne conserva tuttavia la sua originalità e il suo senso, siamo dinanzi dicevo ad un esplicito riferimento all'Islam, al mondo mussulmano, ad uno dei 'problemi' della Chiesa di allora stigmatizzato unicamente dalla volontà di riconquistare ciò che era stato ingiustamente vilipeso, con la logica della crociata. Come difatti è dimostrato prima dall'enciclica *Quia maior* (1213) di papa Innocenzo III, che indiceva la quinta crociata[84] e poi dal Concilio Lateranense IV, del 1215, che l'aveva canonizzata, con il Decreto *Expeditio pro recuperando Terra Sancta*[85], Francesco, conscio di ciò e non certo da contestatore, se non nella sua logica, come sempre, che è quella evangelica, richiama la volontà di un approccio ben diverso con i saraceni, un approccio, come si diceva che lui stesso sperimenta ed attua.

I due tempi di annunzio evangelico tra i saraceni, e gli altri infedeli che nella terminologia del tempo si riferivano ai non battezzati, eretici, ebrei, tartari, sono guidati dall'attenzione all'altro da un parte e dalla docilità a ciò che lo Spirito suscita nei cuori. Sarà lui stesso, lo Spirito del Signore, a suggerire, se, come e quando, sia opportuno passare dalla testimonianza dell'esempio di carità all'annunzio esplicito della parola del Signore.

L'essere soggetti ad ogni creatura umana (cfr 1Pt 2,13), bene evidenzia, dunque, la possibilità di essere soggetti ai musulmani stessi, cosa che invece la Chiesa assolutamente non riteneva possibile allora. Siamo dinanzi a quella li-

---

[83] Rnb 16,10-20: FF 45.
[84] Vedi: HOEBERICHTS J., *Francesco e l'Islam ...*, o.c., 25-59.
[85] Mansi 22,1058-1068.

bertà interiore che diviene profezia e che, esulando dall'acredine o peggio dalla ribellione nei confronti della Chiesa, si fa pungolo guidato dallo Spirito per annunziare una via evangelica all'approccio ed evangelizzazione dei saraceni.

Il tempo dell'annunzio esplicito è fissato da Dio, non per nulla si ribadisce la pazienza nelle persecuzioni e la necessità anche di essere pronti al dono della stessa vita. Conoscendo i musulmani, come si deduce dai passaggi eminentemente teologici che nascondono le frasi relative ad un annunzio che porti a professare la fede: "In Dio onnipotente Padre e Figlio e Spirito Santo, creatore di tutte le cose", esplicito riferimento trinitario; così come "nel Figlio redentore e salvatore", riferimento cristologico; per arrivare al riferimento ecclesiale: "Siano battezzati, e si facciano cristiani, poiché, se uno non sarà rinato dall'acqua e dallo Spirito Santo, non può entrare nel regno di Dio".

Un cammino che nasce dalla ferma convinzione di avere dinanzi non dei selvaggi, bruti, ed irrecuperabili, ma dei credenti in Dio, unico e misericordioso, che riconoscono in Gesù un grande profeta, ma che hanno bisogno di un ulteriore annunzio che ha nel Vangelo il suo cuore propulsore che li inviti ad accogliere il Signore salvatore e redentore dell'uomo.

Questa sarà la strada che Francesco stesso seguirà andando a Damietta incontrandosi col sultano; difatti se nell'incontro "non sono cose nuove né la cordialità, né la simpatia [...] quello che c'è di nuovo è la consapevolezza – chiara nel testo della Regola – che l'Islam fa parte del disegno provvidenziale, che rientra dunque nel piano della Rivelazione. I Saraceni sono come 'lupi': ma anche 'frate lupo' è, appunto, fratello"[86].

I fatti ci vengono narrati, seppure in modo diverso, con delle convergenze che sono interessanti.

Come tutti i crociati e pellegrini imbarcatisi in Italia arriva ad Acri sede del Regno latino di Gerusalemme, durante la presenza musulmana nella città santa. Qui s'incontra con i frati già presenti sul territorio da qualche anno e da qui si rimbarca per l'Egitto, per Damietta, dove il campo crociato, sotto la guida spirituale del legato pontificio, l'ostinato cardinale Pelagio, attende di riconquistare la città, luogo che Francesco sceglie per incontrare il Sultano al-Malik al-Kamil; missione che adempie anche se senza grandi esiti di reale conversione.

Francesco va a Damietta per incontrare il Sultano, ma ugualmente non può non interessarsi dei cristiani; viene testimoniato che "venne all'eserci-

---
[86] CARDINI F., *Europa e Islam. Storia di un malinteso*. Bari 2007, 153.

to di Damietta e vi operò molto bene, rimanendo fino a quando la città fu presa"[87]. Inoltre un testimone d'eccezione Giacomo da Vitry, ricorda la presenza di Francesco, "uomo amabile e da tutti venerato", nell'occasione dell'incontro col Sultano, con queste parole: "Venuto presso il nostro esercito, acceso dallo zelo della fede, non ebbe timore di portarsi in mezzo all'esercito dei nostri nemici e per alcuni giorni predicò ai saraceni la parola di Dio, ma con poco profitto. Tuttavia il sultano, re dell'Egitto, lo pregò, in segreto, di supplicare per lui il Signore perché, dietro divina ispirazione, potesse aderire a quella religione che più piacesse a Dio"[88].

Se Francesco arriva a Damietta "con alcuni compagni"[89], nelle testimonianze relative all'incontro col Sultano è sempre ricordato, come era stile dell'andare dei frati alla luce delle parole dell'evangelo (cfr Lc 10,1; Mc 6,7), insieme ad un altro confratello. Si tratta di frate Illuminato, come ricorda Bonaventura[90], il quale ci trasmette delle memorie che non possono che considerarsi autorevolmente legate alla realtà, vista la fonte, diciamo così, oculare e partecipe.

Due sono i racconti tramandati, quello del calpestare un drappo con su delle croci che, nella meraviglia del Sultano per quel gesto, viene abilmente così confutato:

Dovete sapere che assieme al Signore nostro furono crocifissi anche dei ladroni. Noi possediamo la vera croce di Dio e del Salvatore nostro Gesù Cristo, e questa noi l'adoriamo e la circondiamo della più profonda devozione. Ora, mentre questa santa e vera croce del Signore fu consegnata a noi, a voi invece sono state lasciate le croci dei ladroni. Ecco perché non ho avuto paura di camminare sui segni della croce dei ladroni. Tra voi per voi non c'è nulla della santa croce del Salvatore[91].

---

[87] CronTes *Storia di Eraclio* I.2.C: FF 2238.

[88] CronTes *Giacomo da Vitry* I.1.B.2: FF 2212. Parole interessanti quelle del Vescovo di Acri che era convinto della necessità di portare avanti la crociata indetta con il coinvolgimento del maggior numero di cristiani possibile, anche se bisogna dire che in ciò "fu l'esatto contrario di Francesco, il quale si recò dal sultano senza armi e ricchezze, in modo non violento, e nei suoi scritti non esiste una sola parola negativa su Maometto e l'islam": HOEBERICHTS J., *Francesco e l'Islam ...*, o.c., 79. Vedi: 65-80

[89] Cfr 2Cel 30: FF 617.

[90] "Partì prendendo con sé un compagno che si chiamava Illuminato, ed era davvero illuminato e virtuoso": LegM 9,8: FF 1173.

[91] CronTes *Ricordi di frate Illuminato* 11.1: FF 2690.

Così come viene ricordato l'episodio della sentenza di Francesco sul fatto di non rispondere alla violenza rendendo male per male:

> Mi sembra che voi non avete letto tutto il Vangelo di Cristo nostro Signore. Altrove, infatti, dice: 'Se il tuo occhio ti è occasione di scandalo, cavalo e gettalo lontano da te' (Mt 5,29). E con questo ha voluto insegnarci che nessun uomo è a noi così amico o così parente, fosse pure a noi caro come un occhio della testa, che non dovremmo allontanarlo, strapparlo e del tutto sradicarlo, se tentasse di distoglierci dalla fede e dall'amore del nostro Dio. Proprio per questo i cristiani giustamente invadono voi e le terre che avete occupato, perché bestemmiate il nome di Cristo e allontanate dal suo culto quanti più uomini potete. Se invece voi voleste conoscere, confessare e adorare il Creatore e Redentore del mondo, vi amerebbero come se stessi[92].

Vi è in Francesco l'insistenza nell'invitare ad accogliere il messaggio evangelico, con schiettezza e, ugualmente, con un trasporto di amore che rivela il desiderio di partecipare la salvezza a chi ne è lontano; consapevolmente lui stesso aveva difatti dichiarato che: "Ama veramente il suo nemico colui che non duole dell'ingiuria che [l'altro] gli fa, ma spinto dall'amore di Dio brucia a motivo del peccato dell'anima di lui. E gli mostri con le opere il suo amore"[93].

Il Celano ricorda in quei frangenti: "Chi potrebbe descrivere con quale coraggio gli stava davanti – Francesco, al Sultano – la fermezza con cui gli parlava, l'eloquenza e la decisione con cui rispondeva a quelli che ingiuriavano la legge cristiana"[94].

Bisogna pur dire che il Sultano con cui Francesco ebbe a che fare, Melek al-Kamil, lo accolse benevolmente – al di là di qualche strascico di considerazioni che potremmo chiamare luoghi comuni con cui sia il Celano che Bonaventura presentano il suo incontro con previa aggressione e bastonatura dei due frati che si era presentati tra i saraceni[95] – difatti questi è certo che non gli fece del male[96]; benevolenza che accompagnava

---

[92] CronTes *Ricordi di frate Illuminato* 11.2: FF 2691.

[93] Am 9, 2-3: FF 158.

[94] 1Cel 57: FF 422.

[95] Cfr 1Cel 57: FF 422; LegM 9,8: FF 1117.

[96] "Come risulta dalle sue [del Sultano] relazioni con Federico II di Svevia, aveva una mente aperta ai problemi dello spirito, ed era nemico dei cristiani su di un piano politico più che su quello culturale e religioso. Lo conferma in seguito, il rispetto della tregua di oltre dieci anni che stabilì con l'imperatore

anche il suo senso 'politico' al fine di poter consolidare le sue posizioni nei rapporti con gli altri principi islamici[97]; una cordialità che era tra l'altro riconosciuta ai fedeli dell'islam[98].

Il motivo della visita è chiaro: "Inviato non da uomini, ma da Dio altissimo, per mostrare a lui – al Sultano – e al suo popolo la via della salvezza e annunziare il Vangelo della verità".

E prosegue Bonaventura, riprendendo pedissequamente le parole stesse di Francesco nella Regola prima, in riferimento ai metodi da seguire quando saranno ispirati dal Signore ad ammannire la parola di Dio: "Predicò al Sultano il Dio uno e trino e il Salvatore di tutti, Gesù Cristo, con tanta costanza di mente, con tanta forza d'animo e tanto fervore di spirito, da far vedere luminosamente che si stava realizzando in lui con piena verità la promessa del Vangelo: 'Io vi darò un linguaggio e una sapienza a cui nessuno dei vostri avversari potrà resistere o contraddire'(Lc 21,15)"[99].

In ultimo è d'aver presente, ed è tra i primi biografi soltanto Bonaventura che lo ricorda, l'episodio dell'ordalia proposta da Francesco per attrarre alla fede cristiana il sultano e i suoi cortigiani: o il fuoco avrebbe risparmiato lui o i savi sacerdoti del culto islamico[100]. Ma neanche questa proposta approdò a risultati soddisfacenti pur facendo aumentare la stima per l'uomo di Dio[101].

---

svevo e che non fu turbata da incidenti di rilievo": MANSELLI R., *S. Francesco ...*, o.c., 226.

[97] "Dopo l'ultima guerra fatta tra cristiani ed egiziani a Damietta (1218-1221), in Terra Santa vigeva una tregua di otto anni (1121-1229). In questo tempo Federico II, imperatore d'Italia e di Germania (1194-1250), intensificò le relazioni diplomatiche con Màlek El-Kàmel, sultano d'Egitto. Anche questi dal canto suo cercava un'alleanza militare da contrapporre ad un blocco siriano antiegiziano promosso da suo fratello El-Muàzzam, sultano di Damasco, e ad una possibile invasione di Turchi Khawarismiani della Mesopotamia e di Mongoli della Persia. Per allontanare questi pericoli egli invitò Federico II a venire nel Levante; in cambio del suo aiuto gli avrebbe dato tutta la Terra Santa com'era prima del 1187": SANDOLI (DE) S., *Il primo convento francescano in Gerusalemme (1230-1244)*, in *Quaderni de 'La Terra Santa'*. Jerusalem 1983, 9.

[98] Una testimonianza di quel periodo, Riccoldo di Montecroce (1243-1320) che visse per lunghi anni in Oriente: "Siamo meravigliati – scrive – al vedere come in una legge di tanta perfidia si possano trovare opere di tanta perfezione. Chi infatti non sarebbe meravigliato al vedere quanto sia grande fra i saraceni la loro sollecitudine per lo studio, la loro devozione nella preghiera, la loro misericordia verso i poveri, il loro rispetto per il nome di Dio e per i profeti e i luoghi santi, la loro serietà di vita, la loro affabilità verso gli stranieri, la loro concordia e il loro amore verso i membri del loro popolo?". Citato da: GABRIELI F., *San Francesco e l'Oriente islamico*, in *Espansione del Francescanesimo tra Occidente e l'Oriente nel secolo XIII*. Assisi 1979, 119.

[99] LegM 9,8: FF 1173.

[100] Cfr LegM 9,8: FF 1174; CronTes *Miscellanea bonaventuriana* 15.5: FF 2701.

[101] Vi è anche da ricordare, però è soltanto la tardiva fonte dei Fioretti che lo tramanda, che vi fu da parte di frate Francesco la promessa, dopo la morte di lui, di inviare due frati a battezzare il sultano, come "per rivelazione divina" gli era stato suggerito; cosa che si adempì; "rigenerato in Cristo" ebbe "salva l'anima

"In verità egli – il Sultano – notò in lui fervore di spirito, costanza d'animo, disprezzo della vita presente, efficacia nella parola di Dio e concepì verso di lui tanta devozione che lo stimò degno di molto onore, gli offrì doni preziosi e lo invitò insistentemente a prolungare il soggiorno preso di lui"[102].

Ma questo non era l'intento della visita e dunque Francesco "preammonito da una rivelazione divina" ritornò sui suoi passi, e seppur col desiderio di coronare il suo intervento con i saraceni col martirio dovette, anche questa volta, accogliere il volere del Signore che gli riservava diversamente "il privilegio di una grazia singolare" come sarà quella piena conformazione alla passione di Cristo che aveva impressa nel cuore, nel suo corpo, con le stimmate, e questo anche a coronamento del suo desiderio di portare la fede ai saraceni[103].

L'episodio dunque, anche se ricco di vari particolari, legato senz'altro a più fonti, manifesta una costante che vede nell'intervento di Francesco verso il Sultano l'adempiere la volontà del Signore. Lui stesso scriverà, come abbiamo ricordato, nella Regola prima: "Quando vedranno che piace al Signore, annunzino la parola di Dio perché essi credano in Dio"[104].

Tutto si svolge in questo alone, se così potrei dire, di intervento e rivelazione divina, come specie Bonaventura sottolinea; Francesco fu veramente in questi gesti e in questa insistenza un "profeta del nostro tempo", come lo chiama il Celano, e Bonaventura di contro ricorda che "si posò su di lui lo spirito multiforme dei profeti"[105].

Vi e come un ritornello costante: "inviato da Dio altissimo", "illuminato da un oracolo del cielo", "ha agito con una speciale assistenza di Dio", "preammonito da una rivelazione divina". Siamo dinanzi ad una missione che rivela non solo i fatti in sé, ma richiama quello che dovrà essere tutto un rapporto di particolare attenzione che, come la storia attesta, la fraternità dei minori avrà con il mondo dell'islam[106]. Alla luce proprio di questo

---

per i meriti e per orazioni di santo Francesco". Fior 24: FF 1856.

[102] Legm 3,9: FF 1356.

[103] Cfr Leg M 9,9: FF 1175; 1Cel 55: FF 423.

[104] Rnb 16, 7: FF 43. Espressione questa che senz'altro bisogno collegare con le seguenti parole relative ai predicatori, lo stile difatti di umiltà e di reciproco ascolto era un banco di prova affinché il Signore potesse manifestare la sua volontà: "Tutti i frati predichino con le opere. E nessuno ministro o predicatore consideri sua proprietà il ministero dei frati o l'ufficio della predicazione, ma in qualunque ora gli fosse ordinato, lasci, senza alcuna contestazione, il suo incarico. Per cui scongiuro, nella carità che è Dio, tutti i miei frati occupati nella predicazione, nell'orazione, nel lavoro, sia chierici che laici, che cerchino di umiliarsi in tutte e cose": Rnb 17,3-5: FF 46-47.

[105] Cfr 2Cel 54: FF 640; Legm 4,3: FF 1359.

[106] Cfr POWELL J. M., *Francesco d'Assisi e la quinta crociata: una missione di pace*, in *Schede Me-*

episodio ritroviamo il rapporto antesignano, seppur non inclinando in nessun aspetto il senso di un invito ad accogliere il Salvatore nella vita dei saraceni, che si nutre di dialogo, pazienza, sapienza, audacia, direi simpatia. Rapporto che non cerca risultati immediati che l'arroganza e la forza delle decisioni belliche nasconde ma che, nel suo stile, si pone dinanzi all'altro con umiltà e sottomissione.

Potremmo ben dire che Francesco insiste, e ripete anche a noi oggi, in quell'atteggiamento portante la sua 'proposta cristiana': "La rinuncia a qualunque forma di potere, inclusa quindi la volontà di servirsi di argomenti di forme di sapere o di esperienze tecniche tese a convincere. Anche ciò avrebbe significato un potere"[107].

Un rapporto che manifesta una modalità assolutamente impensabile al tempo di Francesco, a riprova dello spirito di profezia che lo spingeva, accogliendo i dettami dello Spirito Santo 'ad andare'; ed andare in questo modo, secondo quelle modalità che lui stesso tenterà di canonizzare nella Regola de 1221 e che, se anche perdute nella redazione definitiva del documento fondante la fraternità, non possono di certo essere eluse, ieri come oggi, nel rapporto tra mondo dell'Islam e mondo cristiano e francescano.

1.3. Il Poverello e la Terra Santa

Come abbiamo più volte sottolineato Francesco va in Oriente con il desiderio del martirio, con il desiderio di annunziare il Vangelo della pace ai saraceni. Comunque è indubbio, che andando in Oriente il Poverello sa bene di andare in Terra Santa: cioè troviamo Francesco pellegrino nei luoghi della Redenzione, anche se le fonti non ne parlano espressamente e gli storici sono così scettici nell'accoglierne la probabilità, pur sapendo che sia vissuto, anche se qui le notizie divergono ma è molto verosimile supporre, per diversi mesi, forse quasi un anno in queste terre.

Come accennavo, gli storici non sono dell'avviso che questa possibilità sia plausibile, visto che le circostanze e le indicazioni stesse della Chiesa e del Papa, lo scongiuravano e vietavano, ma ben sappiamo che in Francesco e nel suo spirito profetico si possono leggere tanti episodi che, più che andare contro o non essere obbedienti ai dettami della Chiesa gerarchica, andavano

---

dioevali 4 (1983) 68-77; VAQUEZ JANEIRO L, *I Francescani e il dialogo con gli Ebrei e i Saraceni nei secoli XIII-XV*, in Ant 65 (1990) 533-549.

[107] CARDINI F., *Europa e Islam. Storia di un malinteso*. Bari 2007, 153.

oltre, con semplicità e audacia, guidati unicamente da quello che lo Spirito suggeriva e da quella impressionante fedeltà al Vangelo che testimoniava[108].

La pia tradizione che sostenta una tale visione delle cose non è solo pensata; ben sappiamo che è dal viaggio in Oriente che scaturisce in Francesco tutta una serie di realtà, specialmente spirituali, che ne modellano il prosieguo del cammino di conversione, se si pensa alla redazione della Regola, con tutto quello che abbiamo già riferito sopra, così anche all'esperienza del natale di Greccio e al martirio – le stimmate – della Verna, e per alcuni versi anche alla stessa indulgenza della Porziuncola[109].

È possibile che non ci sia un nesso? La stessa vocazione evangelica lo attesta. Il suo struggersi per l'umanità del Cristo non poteva farlo retrocedere dall'andare, visto che era proprio lì, a Betlemme, a Gerusalemme; non soltanto lo vorremmo credere ma qualcosa ce lo conferma, anche se le fonti sono tardive. Quelle più vicine, pur nel silenzio, non possono essere interpretate col pregiudizio della negazione, la probabilità apre ugualmente anche alla plausibile e positiva possibilità di una reale visita ed è inutile ribadire che per noi è la scelta da fare[110]; di certo non vogliamo raccogliere come fa qualcuno la finalità del viaggio in Oriente a soltanto

---

[108] Il Basetti-Sani, per via delle vicissitudini dell'urgenza del suo rientro in Italia, dice: "Le notizie poco rassicuranti sulla agitazione dei frati in Italia, obbligarono Francesco a rientrare subito. Niente pellegrinaggio a Gerusalemme quindi": DF 1843. Fantasticando, a mio parere, sulle motivazioni: " Avendo quasi dimenticato il programma della prima Regola, per la testimonianza del mondo mussulmano i figli [di San Francesco] crearono l'immagine del loro padre 'pellegrino dei Luoghi Santi', e credettero ritrovare nella 'visita al sepolcro di Cristo' il motivo principale del suo viaggio in Oriente. E si è venuta a formare la pia leggenda …". BASETTI-SANI G., *San Francesco è incorso alla scomunica? Una bolla di Onorio III ed il supposto pellegrinaggio del Santo a Gerusalemme*, in AFH 65 (1972) 15. Il Cardini molto più drastico: "Si può concludere che Francesco – ed è facile intuire con quale rammarico – non vide Gerusalemme. È del resto significativo che nessuna fonte, neppure una di quelle più spurie e leggendarie, ci parli di episodi correlati alla sua visita della Città Santa": CARDINI F., *Francesco …*, o.c., 201. Con più acume possibilista il grande storico Le Goff, afferma: "Ottenne dal sultano Malik-al Kamil un'udienza che non portò ad alcun risultato; si recò in Palestina dove è probabile abbia visitato il Santo Sepolcro": LE GOFF J. *Protagonisti della storia. Francesco d'Assisi.* Milano 2005, 50. "Poco o nulla – afferma il Fortini – sappiamo di questo soggiorno di Francesco nel paese di Gesù": FORTINI A., Nova *vita di San Francesco.* I, II. Assisi 1959, 103.

[109] A proposito di quest'ultima. "Non c'è dubbio che la richiesta di una simile indulgenza s'inserisca in quel programma di *traslatio* della sacralità dei luoghi santi dall'oriente all'occidente … l'anno comunque rimane incerto e non è improbabile che debba spostarsi a dopo il 1217 e anche più tardi": CARDINI F., *"Nella presenza …*, o.c., 224.

[110] Una nota oculata: "Come francescano e come figlio della Custodia di Terra Santa – afferma il padre Roncaglia – ci sarebbe caro potere ripetere tutte quelle belle cose che furono scritte e ripetute fino a oggi e che si continueranno a ripetere in seguito, ma come storico non possiamo affermare come certo, quello che è solo probabile, per quanto grande sia tale probabilità": RONCAGLIA M., *San Francesco d'Assisi in Oriente*, in SF 50 (1953) 104 [nota 2].

questo motivo[111], le fonti credo che spazino in più ampie considerazioni, ma è verosimile che la visita ai Luoghi Santi ci sia stata.

In primo luogo bisogna notare che, sia negli scritti che nelle biografie riferite a Francesco, Gerusalemme e la Terra Santa come luogo della redenzione non compaiono mai. Ciò e comprensibilissimo. Dire Gerusalemme in quel tempo significava dire crociata, significava impegno in armi per liberare i luoghi santi. Francesco e i suoi biografi questo lo sanno bene. La scelta del Poverello, come crediamo aver abbondantemente evidenziato, nei rapporti con i saraceni, era ben diversa, seppur legata alla stessa finalità di conversione e di salvezza.

Possiamo senz'altro ricordare, che se "gli storici non ci danno altre notizie intorno a questo soggiorno del Santo... se ne spiega facilmente il motivo, data la estrema delicatezza dell'argomento in un'epoca in cui continuava, pur sempre, la lotta implacabile contro gli infedeli"[112].

Difatti l'invio dei frati in Oriente, con la visita già secondo alcune fonti nel 1212[113], ma certamente con frate Elia ministro dal 1217 dunque con varie presenze è comunemente attestato[114].

Una presenza che continua anche dopo il suo rientro in Italia. Richerio, monaco di Sens, che scriveva le '*Gesta senonensis ecclesiæ*' fino al 1264, ricorda bene l'apostolato di Francesco in Oriente, e tra l'altro asserisce che lui stesso si preoccupa, prima di rientrare in Italia, di lasciare alcuni dei suoi discepoli in Egitto, col proposito di mandarvene altri, anzi di ritornarvi egli stesso[115].

Alcune fonti parlano della permanenza di Francesco in Oriente per diverso tempo e con libertà di movimento, dopo che l'incontro col Sultano

---

[111] Anche se viene presentata come ipostesi, ragionevole, si dice e che "Francesco bramava di recarsi dal Sultano e vi si recò di fatto per pregarlo, affinché concedesse a lui, ai suoi frati, e forse a tutti i cristiani, la possibilità di visitare liberamente i luoghi santi, specialmente il Santo Sepolcro": VAZQUEZ JANEIRO I., *Dialogo francescano-islamico durante la vita di san Francesco*, in POSSEDONI G. A., (a cura di), *San Francesco e l'Oriente. Oltre le parole*. Padova 2003, 36.

[112] FORTINI A., *Nova vita di San Francesco*.., o.c., 97.

[113] Cfr MARGIOTTI F., *Missione*, in DF 1153. Si parla difatti di frate Egidio che (1215) invia informazioni a Francesco sulla Terra Santa. Cfr *Vita B. Aegidii*, in *Cronica XXIV Generalium*, in AnFr 3 (1897) 77; SANDOLI (DE) S., *Il primo convento francescano in Gerusalemme (1230-1244)*... , o.c., 7.

[114] "Frate Elia invece fu nominato, dal beato Francesco, ministro provinciale delle terre d'oltremare". Fu ministro di Siria dal 1217 al 1220/1221. CronTes *Cronaca Giordano da Giano* 7.8: FF 2329.2331. Cfr ARCE A., *Miscelànea de Tierra Santa*. Jerusalem 1974, 3, 77-81.

[115] Cfr LEMMENS L., *Testimonia minora sæc. XIII de S. Francisco*. Firenze 1926, 33; anche in: GOLUBOVICH G., *San Francesco e i francescani in Damiata (5 nov. 1219 – 2 feb. 1220)*, in SF 23 (1926) 327-328.

aveva provocato non solo buona impressione, ma anche ammirazione.

Una significativa fonte poetica contemporanea ai fatti ricorda che *"itque reditque frequens"*, cioè, 'spesso va e viene'[116]. A testimoniare che frequenti furono le visite di Francesco al Sultano, nei non pochi giorni che egli stette attendendo all'assedio di Damietta, e in frangenti non certo calmi e propizi se, Giacomo da Vitry, ricorda che "non ebbe timore di portarsi in mezzo all'esercito dei nostri nemici e per alcuni giorni predicò ai saraceni la Parola di Dio"[117].

Verosimilmente la possibilità di queste concessioni sono anche legate alla richiesta fatta da Francesco e dai suoi frati di potere visitare e muoversi, si spiegherebbe meglio in questo modo dai contesti in cui vengono riferiti, più che legate alla prodigalità del sultano stesso.

I Fioretti ricordano che: "Il soldano l'udiva volentieri, e pregollo che spesse volte tornasse a lui, concedendo liberamente a lui e a' compagni ch'eglino potessero predicare dovunque e' piacesse loro. E diede loro un segnale, per lo quale egli non potessero essere offesi da persona. Avuta adunque questa licenza così libera, santo Francesco mandò quelli suoi eletti compagni e due a due in diverse parti di saracini a predicare la fede di Cristo; ed egli con uno di loro elesse una contrada, alla quale giungendo entrò in un albergo per posarsi …"[118].

Molto più esplicito, di alcuni decenni prima della testimonianza dei Fioretti visto che l'opera probabilmente fu composta nel 1325, la testimonianza di Angelo Clareno, nel suo 'Libro delle cronache' o 'Delle tribolazioni dell'Ordine dei frati minori', alla fine del prologo si legge:

"Alla forza delle parole che Cristo proferiva per lui [Francesco], il Sultano mosso a mansuetudine, gli prestò ascolto volentieri; contro il prescritto della sua nefanda legge, lo invitò con insistenza a fermarsi nella sua terra e diede ordine che lui e i suoi frati, liberamente, senza pagare pedaggio, potessero accedere al santo Sepolcro"[119].

La fonte più antica e quasi contemporanea ai fatti ricorda, in modo certamente interessante e da non sottovalutare, che Francesco, "si fermò per un

---

[116] Cfr CRISTOFANI A. (traduzione di), *Il più antico poema della vita di San Francesco d'Assisi scritto innanzi all'anno 1230*. Prato 1882, 192.193. Vedi anche: GOLUBOVICH G., *San Francesco e i francescani …* , o.c., 320; JACOPOZZI N., *Dove sia avvenuta la visita di San Francesco d'Assisi al sultano Malek el Kamel*, in FrFr 2 (1925) 381.

[117] CronTes *Giacomo da Vitry* I,1.B.2; FF 2112.

[118] Fior 24: FF 1855.

[119] Clar *prologo*: FF 2154.

pezzo in Siria"[120]; e che dunque certamente poté muoversi in quei frangenti di lotte tra crociati e mussulmani, tra cristiani e fedeli dell'Islam.

Il '*signaculum*' che sarebbe stato dato dal Sultano a Francesco è senz'altro un salvacondotto, che permetteva la libera circolazione e l'entrata nei Luoghi Santi senza bisogno di pagare dazi e tasse ai saraceni. E ripeto ancora ciò era spiegabile: "Tale attestato di simpatia verso san Francesco da parte del Sultano non avrebbe significato nulla di speciale poiché la sue equità versi i cristiani suoi sudditi era ben nota"[121].

Questa possibilità è largamente attestata e confermata da quelle fonti che parlano della presenza dei frati nella regione, dalla possibilità data loro di predicare ed annunziare Cristo, dalla familiarità che, tramite l'incontro tra Francesco e il Sultano, si ebbe con i frati minori.

Non ritroviamo, in quei frangenti di forte contrapposizione tra le fazioni, episodi di martirio legati ai frati, cosa invece che succede in Marocco e se anche, con innegabile interesse storiografico, come già accennavo precedentemente, il Celano parla di maltrattamenti[122], questi si pongono nell'inevitabile sottolineatura di quel desiderio di martiri che aleggiava sulla visita stessa, ma in fin dei conti bisogna pur dire che le modalità furono frutto di un rapporto diverso che si stava concretizzando.

Lo stesso desiderio di Francesco per tale permesso, deve lasciare il posto ad un rapporto che probabilmente neanche lui si attendeva, ma che è senz'altro nella logica del volere di Dio nella vocazione del Poverello, di farsi tramite di un modo diverso di presenza, presso quelle popolazioni e quella fede diversa, che non era la risposta armata.

Questo ci fa anche superare quella pretesa che al dire di alcuni farebbe di Francesco un disobbediente, perché recatosi nei Luoghi Santi disattendeva le indicazioni di Onorio III, il quale vietava tassativamente di visitare quei luoghi. Ci riferiamo ad una bolla pontificia del 1217 che adotta, come ragioni della proibizione del recarsi a Gerusalemme durante la presenza mussulmana, che l'andare nascondeva la necessità di pagare il tributo agli

---

[120] CronTes *Storia di Eraclio* I.2.C: FF 2238.

[121] RONCAGLIA M., *San Francesco d'Assisi in Oriente*, in SF 50 (1953) 104.

[122] "Prima di giungere dal Sultano, i suoi sicari l'afferrarono, lo insultarono, lo sferzarono, ed egli non si atterrì: né minacce, né torture, né morte": 1 Cel 57: FF 422. Dello stesso tenore, che qui si deve nella stesura dei fatti proprio al Celanese visto che la fonte a cui attinge queste notizie, Bonaventura è lo stesso frate Illuminato compagno di Francesco nell'impresa, che però non parla di queste evenienze: "Avanzarono ancora e si imbatterono nelle sentinelle saracene che slanciandosi come lupi contro le pecore, catturarono i servi di Dio e, minacciandoli di morte, crudelmente e sprezzatamente li maltrattarono, li coprirono di ingiurie e di percosse e li incatenarono": LegM 9,8: FF 1173.

occupanti, cosa che finiva per 'arricchire i nemici di Cristo'[123].

La possibilità di muoversi e di non pagare i tributi erano insiti al salvacondotto consegnato dal Sultano a Francesco e dunque non si sarebbe profilato questo problema[124]. Realtà che, se ancora una volta non da riprova del fatto della certezza dei fatti, ugualmente non ne attestano l'esatto contrario[125], come alcuni troppo frettolosamente concludono.

Tra l'altro questo 'permesso' trova anche una sua configurazione in modo abbastanza convincente nel diritto islamico.

"Stabilito che Francesco e il suo compagno non erano venuti 'en message', ossia come ambasciatori, essi cadevano sotto la legge degli stranieri in terra islamica (mutaāhid o mu'āhid), sotto la fede pubblica sia come viaggiatori che ha scopo di soggiorno. Il *dimmi* (non-musulmano monoteista) per ottenere tale protezione (*dimmiah*) doveva pagare la decima. Ora Melek al-Kamel avendo costatata la loro povertà e il loro disprezzo delle ricchezze, lì dispensò dal pagare l'imposta stabilita dalla legge islamica. E affinché non fossero molestati dagli incaricati del fisco, avrebbe loro dato il 'signaculum'. Se tale 'signaculum' fu veramente chiesto e ottenuto, nulla vieta pensare che San Francesco lo abbia chiesto e ottenuto anche per recarsi al Santo Sepolcro"[126].

---

[123] Cfr BASETTI-SANI G., *San Francesco è incorso nella scomunica? Una bolla di Onorio III ed il supposto pellegrinaggio del Santo a Gerusalemme*, in AFH 65 (1972) 3-19.

[124] Con argomentazioni che accolgono la tesi di BASETTI-Sani, il Cardini non è favorevole a questa possibilità anche se conclude il suo dire affermando che "la questione rimane aperta"; questa possibilità non è colta dall'autore anche perché, tra l'altro, afferma "non ci si riesce di immaginare Francesco nei panni del cavillatore" a proposito di chiedere delle possibilità per andare nei Luoghi Santi senza sottoporsi ai tributi. CARDINI F., *"Nella presenza del soldan superba". Bernardo, Francesco, Bonaventura e il superamento spirituale dell'idea di crociata*, in SF 71 (1974) 229. Ma è proprio questo il punto: Francesco nella sua vita andò, quando era certo che era il Signore che glielo chiedeva, molto al di là dell'essere cavillatore, bensì possiamo ben dire opportunista; pensiamo a tanti episodi circa l'approvazione della Regola, al significato e reiterato invito di non abbandonare mai la Porziuncola e alla conseguente indulgenza richiesta con inaudita novità; ma pensiamo anche agli inizi del cammino con quel frequente uso della *sortes sanctorum* nell'uso delle Scritture, guardata certamente con sospetto dalla gerarchia ed invece praticata, e proprio nei momenti decisi dall'umile e semplice Francesco. Vedi, a proposito di quest'ultimo punto, l'interessante nota di: MICCOLI G. *Francesco ...*, o.c., 184-185 [nota 19].

[125] "Pur essendo giusto negare valore storico alle affermazioni di coloro che hanno sostenuto la tesi dell'avvenuto viaggio di Francesco al Santo Sepolcro, non si può neanche affermare che la bolla di Onorio III costituisca una prova sicura dell'impossibilità che sia avvenuto. A voler dare per certa questa seconda tesi si rischia di mettere in discussione anche tutta la faccenda della visita al Sultano (che non è stata clandestina, come potrebbe essere stato, o diventato, il viaggio in Terra Santa), almeno per quanto riguarda lo scopo di San Francesco nella partecipazione alla quinta crociata": FRANCESCAGLIA F., *Nota su San Francesco in Oriente*, in FrFr 41 (1974) 171.

[126] RONCAGLIA M., *San Francesco d'Assisi in Oriente*, in SF 50 (1953) 104. L'autore prosegue

Con quello sguardo poetico che gli è proprio il Fortini, a questo riguardo, conclude: "Certamente l'emiro di Gerusalemme dovette trasecolare, nello scorgere fra le mani di quel pellegrino lacero e macilento la pergamena segnata con la bolla d'oro e il filo di seta rossa di Melek-el Kamel, nel leggere con quanta effusione il re dei re, il potente Signore dei due Egitti, raccomandava colui, cristiano di quelli che avevano usurpato Damiata, come l'amico più vicino all'anima sua"[127].

Una cosa è certa che l'esperienza del Poverello col Sultano non è uno stereotipo di circostanza e il fatto che a ciò si unisca il desiderio di Francesco di portare il Vangelo ai saraceni, guidato dal saluto di pace che poneva la presenza stessa di Cristo nel cuore dell'uomo ne è certa riprova.

Abbiamo ribadito inoltre il suo attardarsi in quei luoghi, circostanze queste, che aprono così ad una reale possibilità di una sua visita ai Luoghi Santi, cosa che ancora meglio, come vedremo, ne specificherà la missione nella sua restante vita al ritorno da questa esperienza, che sigillerà la vocazione di Francesco e la caratterizzerà in tutto ciò che gli accadrà dopo, come conseguenza, a nostro parere, di questo stesso viaggio.

Una parola a questo proposito, di conferma autorevole, è quella che vede anche in una fonte legata alla letteratura islamica tracce di questa visita, ancora più a riprova del forte impatto avuto con quel mondo.

Ci riferiamo alla testimonianza del mistico mussulmano Fakhr al Farisi, consigliere di Melek-el-Kamel. Sulla sua tomba si legge la seguente iscrizione:

"...egli [al Fakhr al-Farisi] ha delle virtù (qualità) molte note. E la sua avventura con al-Malik al Kamil e ciò che gli accadde a causa del monaco [râhib] sono molto noti"[128].

Il 'monaco' sarebbe proprio San Francesco. "Questa identificazione é resa probabile dal fatto che gli specialisti arabi di storia delle crociate non sanno indicare alcun monaco indigeno cristiano che abbia potuto far parlare di sé duran-

---

(105): "Stando così le cose, in tale incertezza, sembra che, tuttavia, per ragioni almeno psicologiche, la visita di San Francesco ai Luoghi Santi goda della più alta verosimiglianza, ma non la certezza che solo i documenti sicuri possono dare". Vedi anche: ORTROY (VAN) F., *S. François d'Assis et son voyage en Orient*, in *Analecta Bollandiana* 31 (1912) 451-462; TOLAN J., SAMPAOLO M. (traduzione di), *Il santo dal sultano...*, o.c., 278-352.

[127] FORTINI A., Nova *vita di San Francesco...*, o.c., 104.

[128] Cfr RONCAGLIA M., *Fonti arabe musulmane su S. Francesco in oriente?*, in SF 50 (1953) 258-259. Vedi anche: GABRIELI F. (a cura di), *Storici arabi delle crociate*. Torino 1969³, 261. Dove a proposito della quinta crociata viene riportata una nota che ricorda, in riferimento all'incontro tra Francesco e il sultano: "Si è creduto di recente scoprire una tenue traccia anche in una fonte orientale, che parla di un consigliere musulmano di Malek al-Kamel 'sulla faccenda del monaco'".

te quel periodo. Il fatto era talmente noto che chi scrisse l'epigrafe sulla tomba di Fakhr-al Farisi non credette necessari altri dettagli"[129].

Possiamo dunque concludere che se anche le fonti contemporanee a Francesco non parlano dell'episodio della sua andata nei Luoghi Santi, vi possono essere possibili tracce per accogliere questa tesi. Da una parte il suo andare in Siria è comunemente attestato, e bisogna dire che con questo termine, "sulla sua estensione geografica non bisogna insistere troppo... appare chiaro [difatti] che i biografi di San Francesco con il nome 'Siria' designano il Levante in generale"[130]; dall'altra, credo, che la vita di Francesco così come si dipana dopo il suo venire in Oriente può darci ulteriori conferme.

Se giustamente "ciò che fa restare perplesso lo storico è la costatazione che i primi biografi, quelli che meglio di chiunque potevano essere in grado di conoscere un particolare così importante della vita di San Francesco, abbiano osservato il silenzio"[131]; dall'altra parte dobbiamo far notare che propri i primi biografi sono latitanti nel racconto di diversi episodi. In poche parole possiamo ben dire che i redattori erano di parte, come la moderna storiografia attesta.

Un esempio chiaro è il Celano e le sue due vite. "Tommaso si mostra capace di dire e non dire, accontentando le esigenze di verità di chi già sapeva senza scontentare con precisazioni inopportune quanti erano all'oscuro della realtà delle cose e non potevano accettare di vedere messo in discussione una linea di sviluppo dell'Ordine che si sarebbe rivelata irreversibile"[132].

Non è certo un caso che il 'Memoriale del desiderio dell'anima' – la cosiddetta seconda Celano –non parla assolutamente dell'episodio relativo all'andata di Francesco dal Sultano, se non presentando un aspetto, ricordato anche da Bonaventura, di preveggenza circa la disfatta dell'esercito crociato, visto, dice l'autore, "che indurirono il loro cuore e rifiutarono ogni avvertimento"; ponendo il tutto nell'ambito biografico che evidenzia lo spirito di profezia di Francesco[133]. Così come altre biografie soltanto lo sfiorano, ricordando soltanto che, in relazione alle gravi situazioni che si

---

[129] FORTINI A., Nova *vita di San Francesco*,, o.c., 94. Viene ribadito che questa iscrizione è riportata da Yusuf Ahmed in *Turbat al-Fakhr al Farisi*, Cairo 1922; e da altri due autori del secolo XV, Al Sakhari e Al-Zaiyat. Cfr BASETTI-SANI G., *Chi era il vecchio famoso che incontrò san Francesco a Damietta*, in SF 82 (1985) 209-244.

[130] RONCAGLIA M., *San Francesco d'Assisi in Oriente*, in SF 50 (1953) 105.

[131] Idem, 105.

[132] MICCOLI G., *Francesco* ... , o.c., 233.

[133] Cfr 2Cel 30: FF 617; LegM 11,3: FF 1190.

erano istaurate nell'Ordine, Francesco, fu costretto al pronto ritorno[134].

Ciò a riprova che su troppi "momenti il silenzio continua a restare totale, o appena rotto da qualche ammissione data incidentalmente"[135].

La stessa 'spiritualizzazione' che ne fa Bonaventura ne è riprova, che, se anche rivela senz'altro una forte esperienza del Mistero che ancora una volta Francesco fa sua e testimonia, ugualmente narra i fatti con un evidente interesse; difatti si può ben dire che Bonaventura "eliminò il dato politico dall'agiografia ufficiale non solo quando le parole di Francesco sembravano apertamente contrarie alla disciplina della chiesa, ma anche quando – come accadde a Damietta – vi era il solo sospetto che lo fossero"[136].

Credo che sull'episodio in questione ci troviamo proprio dinanzi ad uno dei passaggi 'scabrosi'. Vuoi perché la quinta nefasta crociata era in atto[137], vuoi perché il fare di Francesco fu impensato e nuovo, come era il suo solito, nella viscerale attuazione di ciò che lo Spirito poteva suggerirgli.

A mio parere, come accennavo sopra, si deve porre il tutto nel prosieguo della vita del Poverello. L'Oriente non fu, per Francesco, una parentesi, più o meno lunga, della sua vocazione evangelica, di uomo portatore di pace, bensì un vero momento decisivo, che né segnerà i frutti futuri.

Non vengono difatti dopo gli episodi del Natale di Greccio e delle stimmate della Verna? Credo, pur non con una preoccupazione di confermare quella vocazione al martirio che era stata secondo alcuni come il sottofondo del suo andare in Oriente, trasponendo anche a dopo questo

---

[134] "Nel tempo in cui Francesco era tornato dalle terre d'Oltremare …". Spec 3: FF 1681; CAss 102: FF 1644[1621].

[135] MICCOLI G., *Francesco* … , o.c., 233. E continua (233-234): "Il biografo pur profondamente presente e operante in quelle circostanze di recuperare alla memoria storica collettiva fatti, parole, comportamenti di Francesco e del passato Ordine non riesce a sfondare del tutto il muro di reticenze e di rimozione che si era andato costruendo su alcuni passaggi scabrosi di quella storia".

[136] VENANZI M., *"Come la stella del mattino". Le profezie di Francesco d'Assisi*. Firenze 2007, 94.

[137] Il Gabrieli, presentandoci le cronache arabe della quinta crociata, tra l'altro afferma: "Sviatosi su Costantinopoli la quarta crociata (1203) l'Islam ebbe ancor quindici anni di tregua, che permisero al Malix-al-'Adil di raccogliere saldamente in sua mano l'eredità del fratello Saladino, organizzando dalla Mesopotania all'Egitto, sotto la sua alta sovranità, i domìni ayyubiti. Il nuovo attacco crociato mirò all'Egitto stesso, come al cuore della resistenza musulmana, in un momento in cui ad Oriente si profilava, per svilupparsi poi in tutta la sua catastrofica imponenza, la minaccia mongola. Ibn al-Athir, con la sua ampiezza di sguardo sollevatesi dalle varie cronache locali alle sorti dell'intero Islam, ha colto la gravità della duplice minaccia, e l'ha espressa sia nel suo drammatico racconto dell'invasione mongola, sia in questo sulla quinta crociata, raccogliente in un'unica organica narrazione la quadriennale campagna (1217-1221)": GABRIELI F. (a cura di), *Storici arabi delle crociate* … , o.c., 251.

motivo[138], tanto che possiamo ben leggere questi ulteriori momenti, così significativi della sua vita, come una continuità dell'esperienza avuta nei luoghi visitati da san Francesco in quella occasione.

È nell'esperienza spirituale di Francesco che emergono i misteri dell'umanità di Gesù, "soprattutto l'umiltà dell'incarnazione e la carità della passione"[139], che si fanno continua memoria vivente.

A Greccio Francesco richiama, come motivazione del suo celebrare il Natale i disagi di Betlemme: "Vorrei fare memoria di quel Bambino che è nato a Betlemme, e in qualche modo intravedere con gli occhi del corpo i disagi in cui si è trovato per la mancanza delle cose necessarie a un neonato; come fu adagiato in una mangiatoia e come giaceva sul fieno tra il bue e l'asinello"[140].

Un desiderio che richiama si la pagina evangelica ma che va anche oltre; diviene una vera e propria trasposizione, se viene richiamato come, in quella occasione Francesco "facendosi bambino con il Bambino" celebra il Natale del bambino di Betlemme, lui 'piccolino' ed 'inerme' tra tutti[141].

"Greccio è divenuto come una nuova Betlemme" afferma il biografo ed ancora con più attenzione: "Parla al popolo – Francesco in quella notte – e con parole dolcissime rievoca il neonato Re povero e la piccola città di Betlemme"[142].

Dei particolari che alla luce di quanto detto prendono vigore. Come a ribadire … io ci sono stato.

Se la trasposizione Greccio Betlemme appare conseguente è interessante notare come il racconto del natale del borgo reatino non può che significare per Francesco un ricordo di ciò che aveva nel cuore e che scrisse nella Regola non bollata a proposito della missione. "Francesco giunto quasi alla fine della sua vita, malatissimo, sapeva di non poter più rivedere quelle terre lontane verso cui si era mosso con tanto entusiasmo … la greppia di Greccio spegne per Francesco il bisogno del cammino verso la Terra Santa e della sua difesa. Non c'è bisogno di attraversare il mare per vibrare d'emozione, né

---

[138] Cfr BASETTI-SANI G., *La cristofania della Verna e le stimmate di san Francesco per il mondo mussulmano*. S. Pietro in Cariono (Verona) 1993; CARDINI F., *"Nella presenza del soldan superba"*. *Bernardo, Francesco, Bonaventura e il superamento spirituale dell'idea di crociata*, o.c., 199-250.

[139] 1Cel 84: FF 467.

[140] 1Cel 84: FF 468.

[141] Cfr 2Cel 35: FF 621.; LegM 3,4: FF 1351; 2Test 34.41: FF 127-131.

[142] 1Cel 85.86: FF 469.470. E come se non bastasse sempre il Celano: "Celebrando il santo, il giorno della Natività del Signore, la memoria della mangiatoia del bambino di Betlemme e rievocando misticamente tutti i particolari dell'ambiente nel quale nacque il bambino Gesù …": 3Cel 19: FF 842.

di imporre la fede, ritenuta la vera, con la violenza e con le battaglie. Betelemme è ovunque, anche a Greccio, perché deve essere prima di tutto nei cuori: 'Quasi nova Bethlehem de Graecio facta est'. Greccio è divenuta una nuova Betlemme attraverso le parole trascinanti di Francesco[143].

Questo costante ricordo di luoghi, persone e fatti accaduti si raccoglie ugualmente nell'esperienza che Francesco vivrà alla Verna, dove si coglie l'esperienza che il Padre compie nel Figlio, e dove si fa palese, ciò che già il suo cuore portava: "Finché visse portò sempre nel suo cuore le stimmate del Signore Gesù, come si manifestò chiaramente più tardi quando quelle stimmate si riprodussero nel suo corpo"[144].

Ma il cuore è anche il luogo di un altro incontro che inevitabilmente si imprime in modo indelebile: "L'incessante memoria della passione di Cristo, che portava nel cuore". A riprova del suo intimo e reale rapporto con quel Calvario che la passione e la morte del Redentore mostrò al mondo e che Francesco accoglie nelle stimmate: "Volle il Signore mostrarle a tutto il mondo per mezzo della stupenda prerogativa di un privilegio eccezionale, con cui lo decorò mentre era ancora vivente"[145].

L'episodio delle stimmate evidenzia la piena configurazione alla pasqua di Cristo, all'esperienza del Calvario e della Gloria crocifissa, retaggio di un Calvario che si rinnova.

Siamo dinanzi al mistero che celebra l'acme di tutta la storia della salvezza e che vede all'opera il Padre che offre il Figlio e il Figlio che si offre al Padre, come Francesco canta il giorno di pasqua:

Cantate al Signore un canto nuovo, perché ha fatto cose meravigliose. La sua destra ha immolato il suo Figlio diletto, l'ha immolato il suo braccio santo. Il Signore ha manifestato la sua salvezza, agli occhi dei popoli ha rivelato al sua giustizia. In quel giorno il Signore ha mandato la sua misericordia e nella notte il suo cantico. Questo è il giorno fatto dal Signore: esultiamo inesso e rallegriamoci[146].

Anche qui dinanzi a chi non poteva mai rendersi conto di ciò che era stato il vero Calvario, in Francesco per opera divina, abbiamo un 'mostrare

---

[143] FRUGONI C., *Sui vari significati del Natale di Greccio, nei testi e nelle immagini*, in FrFr 70 (2004) 70. Interessanti le provocazioni dell'autrice: 46-81.

[144] 3Comp 14: FF 1412.

[145] 3Comp 69: FF 1483.

[146] Uff Pass *Salmo IX al mattino della domenica di Risurrezione* 1-5: FF 292.

al mondo' un evento che va molto al di là del luogo stesso, di quel piccolo promontorio che ricordava la crocifissione del Salvatore.

"Il geloso custode dei luoghi della redenzione era già quel gracile frate che si apprestava a divenire santuario del Crocifisso, quel frate con il saio e il cordone, quel *abū al-habl* [padre, frate della corda] come tanto gli arabi cristiani quanto i musulmani avrebbero chiamato ciascun frate minore"[147].

Con l'esperienza delle stimmate Francesco stabilisce un rapporto del tutto speciale col Signore, "conformandosi alla morte di Cristo Gesù nella condivisione della sua passione"[148]; una condivisione totale, "come se fosse stato crocifisso insieme con lo stesso Figlio di Dio"[149].

Vi è quasi una simbiosi tra l'episodio in se e il suo ritrovarsi, da parte di Francesco, desideroso di adempiere sempre e comunque la volontà del Signore; in questo caso il martirio ritorna come retaggio che il suo pellegrinare tra i saraceni non adempì.

Anche questa volta, come nei momenti decisivi e significativi, accoglie il segno celeste dell'apertura del libro dei Vangeli che gli pone, decisamente e ripetutamente, dinanzi la realtà di un'accoglienza delle stimmate come vero dono del martirio[150].

La finalità dell'incontro col 'serafino alato' è ben ricordata da Bonaventura, ponendola ancora una volta in connessione col martirio:

"Comprese per divina rivelazione, lo scopo per cui la divina provvidenza aveva mostrato al suo sguardo quella visione, cioè quello di fargli conoscere anticipatamente che lui, l'amico di Cristo, stava per essere trasformato tutto nel ritratto visibile di Cristo crocifisso, non mediante il martirio della carne, ma mediante l'incendio dello spirito"[151].

Inoltre non si può dimenticare che il tutto avviene "all'approssimarsi della festa dell'Esaltazione della santa Croce"[152], festa che celebra il luogo, la dedicazione delle basiliche fatte costruire da Costantino, relative al Calvario e alla risurrezione del Cristo.

Ugualmente non si può porre tra le cose marginali la preghiera che

---

[147] PIRONE B., *Francesco: un'anima aperta all'Islam*, in POSSEDONI G. A. (a cura di), *San Francesco e l'Oriente. Oltre le parole*. Padova, 2003, 61.

[148] 1Cel 119: FF 527.

[149] 1Cel 90: FF 478.

[150] Cfr LegM 13,2: FF 1224; FiorCons 3: FF 1917.

[151] LegM 13,3: FF 1225.

[152] Legm 6,1: FF 1375. I Fioretti pongono l'episodio proprio in quel giorno: "Il dì della santissima Croce": FiorCons 3: FF 1919.

accompagnò l'impressione delle stimmate, che è un chiaro richiamo alla passione del Signore[153]:

> O Signore mio Gesù Cristo, due grazie ti priego che tu mi faccia innanzi che io muoia; la prima, che in vita mia io senta nell'anima e nel corpo mio, quanto è possibile, quel dolore che tu, dolce Gesù, sostenesti nell'ora della tua acerbissima passione; la seconda si è ch'io senta nel cuore mio, quanto è possibile quello eccessivo amore del quale tu, Figliolo di Dio, eri acceso a sostenere volentieri tanta passione per noi peccatori.

Interessante notare che come frate Illuminato fu compagno e vicino a frate Francesco nella missione in Oriente, così, fu lui stesso che intervenne in modo decisivo per dissipare il possibile dubbio su Francesco circa il dire, o meno, ciò che aveva appunto vissuto, nell'esperienza delle stimmate[154].

Siamo in una lettura degli accadimenti che può certamente configurasi alla luce di quell'esperienza vissuta in Oriente e che richiamata alla memoria colma di affetto, come Francesco era solito fare, vanno oltre, cioè si specificano, si arricchiscono.

La povertà di Betlemme, la nudità del Calvario unito al candore della luce del Risorto che le stesse stimmate richiamavano: un ultimo interessante indizio che si pone nella continuità di una vita vissuta fino alle sue ultime conseguenze nell'imitazione e conformazione al 'suo' Signore:

> L'uomo beato era migrato dal mondo; ma quella sua anima santa, entrando nella casa dell'eternità e resa gloriosa dall'attingere in pienezza alla fonte della vita, aveva lasciati ben chiari nel corpo alcuni segni della gloria

---

[153] FiorCons 3: FF 1919.

[154] "Uno dei frati, Illuminato di nome e di grazia, intuì che egli aveva avuto una visione straordinaria, per il fatto che sembrava tanto stupefatto, e disse all'uomo santo: 'Fratello, sappi che qualche volta i segreti divini ti vengono rivelati non solo per te, ma anche per gli altri. Ci sono dunque buone ragioni per temere che, se tieni celato quanto hai ricevuto a giovamento di tutti, tu venga giudicato colpevole di aver nascosto il talento": LegM 13,4: FF 1227; cfr FiorCons 3: FF 1922. Così ugualmente sono interessanti riprendere i segreti di quei colloqui, mai rivelati in vita ma solo dopo la sua morte, che ricordano le parole del Signore a lui rivelate: "Sai tu – disse Cristo – quello ch'io t'ho fatto? Io t'ho donato le stimmate che sono i segnali della mia passione, acciòche tu sia il mio gonfaloniere. E siccome io il dì della morte mia discesi al limbo e tutte l'anime ch'io vi trovai ne trassi in virtù di queste mie stimmate; e così sia a te concedo ch'ogni anno, il dì della morte tua, tu vada al purgatorio, e tutte le anime de' tuoi tre Ordini, cioè minori, suore e continenti, ed eziandio degli altri i quali saranno istati a te molto divoti, i quali tu vi troverai, tu ne tragga in virtù delle tue istimate e menile alla gloria di paradiso, acciò che tu sia a me conforme nella morte, come tu se' nella vita": FiorCons 3: FF 1920.

futura: quella carne santissima che, crocifissa insieme con i suoi vizi, già si era trasformata in nuova creatura, mostrava agli occhi di tutti, per un privilegio singolare, l'effige della passione di Cristo e, mediante un miracolo mai visto, anticipava l'immagine della risurrezione[155].

Raccogliamo la provocazione. Fermo restando che questi passaggi, così decisivi, e caratterizzanti, nella vita del Poverello sono vissuti da lui, come si diceva, dopo quell'esperienza nella terra d'oltremare che, secondo la nostra ipotesi, ben concilia la visita al Luoghi Santi durante la sua permanenza in quelle terre.

1.4. Un profeta originale

Dinanzi ad un groviglio di considerazioni che emergono da questa analisi, al pari delle sue attestazioni confortate dai fatti e delle sue supposte ipotesi, rimane l'incontrovertibile evidenza di un viaggio, quello di Francesco in Oriente, unito alla non irrilevante realtà della presenza dei frati in quelle terre fin dagli inizi della vita della fraternità. Bisogna dirlo era questa l'unica preoccupazione di Francesco e dei suoi, portare, donare, Gesù il Signore ai fedeli e ai saraceni.

"Francesco riteneva che la fede andasse praticata pacificamente, senza contesa o violenza; evangelizzare per persuasione e non *armata manu*. Gli infedeli dovevano essere convertiti grazie ad una predicazione itinerante e pacifica della 'parola di Dio'; con umiltà i frati avrebbero viaggiato in terra straniera per annunziare la verità del Vangelo"[156].

Difatti se, alla luce dei risultati della visita al Sultano, in apparenza tutto era andato in un modo diverso da come ci si aspettasse, era indubbio che "Francesco aveva per primo portato proprio fra le tende dei saraceni quello che essi … non conoscevano affatto, cioè un cristiano autentico, una copia vivente del Cristo, un uomo pronto a morire per salvare l'anima di un altro, sconosciuto e peccatore"[157]. Esperienza questa che aveva, nell'accampamento dei crociati, riportato a quel senso apostolico ed evangelico

---

[155] LegM 15,1: FF 1246.

[156] SERPICO F., *I frati minori e il rinnovamento del pellegrinaggio a Gerusalemme nei secoli XIII-XV,* in FrFr 756 (2009) 142. Vedi tutto l'interessante articolo 141-164; Cfr anche: ELM K. *La custodia di Terra Santa. Vita francescana nella tradizione della chiesa latina di Palestina,* in Id., *Alla sequela di Francesco d'Assisi. Contributo di storia francescana.* S. Maria degli Angeli-Assisi (Pg) 2004, 298-328.

[157] STICCO M., *San Francesco d'Assisi.* Milano 1989, 215-216.

che la brutalità del contendersi e della bellicosa ricerca di riconquista aveva di fatto miseramente fatto smarrire.

Rimane l'originalità e la peculiarità – come fin dal principio l'abbiamo chiamata – del comportamento, delle scelte, delle parole di Francesco, che palesano una modalità esclusivamente evangelica nell'incontro con i musulmani.

Se da un parte, e giustamente, si pensa che uno dei motivi della partenza dei francescani nel 1217 per quelle terre fosse legata anche all'assicurare una adeguata assistenza spirituale agli uomini in armi, impegnati a liberare i Luoghi Santi; dall'altra seppur il gesto profetico di Francesco rimane ed è generatore di novità per la sua vita e per il futuro, bisogna anche dire che in ultima analisi, per il dopo, i frati minori si sono abbastanza bene adeguati, per virtù d'obbedienza, alle direttive dei papi, anziché di cogliere quell'originalità e peculiarità della vocazione di Francesco e della sua fraternità che, comunque sia, rimane[158].

Nei 'fatti' che Francesco vive e propone vi è senz'altro qualcosa da scoprire, la chiamerei proprio così, nel senso che ciò che appunto vive e propone non può accontentarsi di una lettura asettica degli stessi avvenimenti, sia relativamente a ciò che succede prima, durante e dopo gli avvenimenti stessi. Il Garaudy a tal proposito afferma che Francesco "cerca presso il musulmano la sua fede più profonda"[159].

Inoltre non possiamo dimenticare, anche alla luce di ciò che si realizzerà in seno alla famiglia dei frati minori, che Francesco col suo gesto pensa e vuole rivelare qualcosa anche ad ogni fratello che, come lui, ha scelto l'Evangelo per vita; potremmo dire che a Francesco interessa il cuore dei suoi frati, un cuore che maturi gesti evangelici, che unicamente nelle parole del Signore abbiano il loro riscontro continuo. Difatti "se non avessero imparato il modo di incontrare le persone diverse da loro, il mondo non si sarebbe mosso, il Vangelo non sarebbe stato predicato, l'amore che è Dio non sarebbe stato amato!"[160]

Lo stesso Francesco si pone dentro l'esperienza che vive con quegli occhi colmi di stupore, preoccupati di far unicamente spazio a ciò che lo Spirito potesse suggerire ed operare, anche tramite lui, e potesse dunque rivelargli; se è vero che va, come è comunemente attestato da tutte le fonti, per donare al Sultano la gioia della fede ma si attua e riceve tutt'altro: "Un solo bene era

[158] Cfr CARDINI F., *"Nella presenza ...*, o.c., 225.236.
[159] GARAUDY R., *Per un dialogo delle civiltà*, in *Francesco un 'pazzo' da slegare ...*, o.c., 209.
[160] JEUSSET G., CLAVERIE P. (prefazione di), *Francesco e il Sultano ...*, o.c., 38-39.

venuto a ricercare, l'anima sua, e questa gli era negata. Tuttavia acconsentì a fermarsi alcuni giorni, accolto con grandi onori"[161].

Accolgo con riconoscenza le indicazione dello storico che ci ricordano che "l'onnivora disponibilità alla ricerca storica a servirsi di tutti i prodotti della storia non comporta che ad essi si possa chiedere ciò che non sono in grado di dare"[162].

Ugualmente mi permetto di condividere in pieno le sollecitazioni che guardano a Francesco profeta, che ancora oggi può e deve dirci una parola: "Penso che l'esempio di Francesco, contestatore nei fatti, nella testimonianza di una vita che richiama al Vangelo, reso così vivo deve impegnarci tutti ... alla 'pazzia' della pace di oggi per preparare un mondo che sia un mondo di vita e di libertà per tutti, per esorcizzare la presunta ragionevolezza che ci viene insegnata dai potenti e dai ricchi, e che preparerebbe invece la follia della distruzione umana per sempre"[163].

Questa verace profezia si coniuga con la stessa rivelazione avuta dal Signore a Francesco di porsi nel mondo come evangelico uomo di pace; risuonano ancora una volta alle nostre orecchie le parole del saluto che Francesco, e con lui i suoi figli ancora oggi, ripetono al mondo: Il Signore ti dia pace!

Saluto con cui, come abbiamo visto era suo uso, il Poverello dovette salutare lo stesso Sultano a riprova non certo di una pura cortesia ma di una parola che diveniva annunzio. "Francesco conosceva troppo bene le parole di Cristo per dimenticare, come egli aveva detto, che lasciava ai propri discepoli la sua pace non come la dà il mondo e che si annunciò e si presentò ai propri discepoli all'indomani della risurrezione, dando loro la pace (cfr Gv 14,27; 20,19-29). È solo un caso, si dirà, se pure l'Islam si annuncia come un messaggio di pace ogni qual volta un credente incontra un suo correligionario o altre persone a lui sconosciute?"[164].

La profezia della pace deve essere colta come un costante risultato nell'intrepido impegno della presenza dei Frati Minori in Medio Oriente; potremmo dire che, significativamente ancora oggi, "la forte presenza dei frati minori in Terra Santa è l'aspetto più visibile dell'impatto delle parole di Francesco"[165]. Sulle orme di

---

[161] FORTINI A., *Nova vita* ... , o.c., 97.

[162] MICCOLI G., *Francesco* ... , o.c., 233. E continua: "Nel saper riconoscere i propri limiti sta la forza della ricerca storica positiva: ma anche la ragione dell'impossibilità da parte sua di accettare, nel suo impegno di vaglio e di ricostruzione critica, confusioni e contaminazioni con criteri, linguaggi e composizioni di altra matrice e di altre finalità".

[163] BETTAZZI L., *La 'pazzia' della pace* ... , o.c., 240.

[164] PIRONE B., *Francesco: un'anima aperta all'Islam* ... , o.c., 63.

[165] HINDER P., *La mission selon saint François*, in *Oasis* 4 (2008) n.7, 65.

Francesco d'Assisi è necessario divenire eloquente segno di una utopia possibile, perché fondata sul Vangelo, che diviene impegno per rendere attraente ciò che sembra assurdo e non concretizzabile.

Testimoniare una pace possibile sul segno del Poverello diviene da una parte una grande sfida e dall'altra un grande compito. Francesco d'Assisi inaugurando un modo nuovo di andare verso il fratello che crede in una fede diversa dalla propria ci spinge non solo verso la possibilità della pace, ma verso la certezza che nel dialogo e nella conoscenza attenta dell'altro ci sarà la forza per far fiorire, nel rispetto e nell'accoglienza, quel Regno di Dio sulle terra che lo stesso Figlio di Dio ha inaugurato per una umanità nuova e redenta[166].

Una parola di evangelo vissuto, di pace donata, nella pazienza, nel dialogo e nel salutare confronto posta come pietra miliare per il futuro, e tutto ciò affinché la verità, che è Cristo Gesù, possa imprimersi nel cuore di ogni uomo di buona volontà.

---

[166] Vedi il mio: BADALAMENTI M., *Il Signore ti dia pace! La Custodia di Terra Santa una presenza di pace sulle orme di Francesco di Assisi*, in Cl 49 (2009) 5-38.

2. Il *Professore* pellegrino portatore di pace in Terra Santa

La sottolineatura del percorso avanzato ha una finalità ben precisa che evidenziavo nell'introduzione del mio lavoro: in primo luogo, vi è un rapporto tra lo spirito evangelico di Francesco, il porsi in dialogo col mondo musulmano nella pace di un annuncio fatto di presenza e di parola, che specie oggi viene e con ragione ricordato e ben sfruttato per il dialogo tra le religioni; di contro nell'esperienza del profeta La Pira non possiamo che scorgere lo stesso spirito di pace e di dialogo che animò il suo impegno 'politico', da missionario della Regalità di Cristo[167] e da 'utopico' costruttore di ponti tra oriente ed occidente, tra religione cristiana, islam ed ebraismo.

In questa prima fase mi preme riportare una conseguente logicità nel rapporto Francesco d'Assisi professore Giorgio La Pira: l'andare in Oriente, l'essere pellegrini di pace, l'essere portatori di speranza, desiderosi di incontro, di dialogo, di reciproco ascolto per testimoniare, sempre, il Regno e Gesù Cristo.

Ci si pone in continuità di vita e di pensiero, meglio dire ci si pone in quella 'novità', frutto dello Spirito, che opera nell'alveo francescano e pone, Francesco d'Assisi e Giorgio La Pira senz'altro in connessione. Le parole di una testimone di eccezione nella vita del Professore, come Fioretta Mazzei, ci aiutano a svelare qualcosa che si nasconde sotto la coltre del mistero dell'uomo 'graziato' e ci danno strumenti per carpire il senso recondito e profondo di una vita che, proprio perché vissuta in una profonda fede, non può che essere e rimanere un mistero. Afferma, parlando del Professore, la stretta collaboratrice e per alcuni versi l'interprete dei suoi risvolti spirituali: "Si è inserito in un tronco verde, senza essere però un ripetitore ma in qualche modo un getto nuovo, con frutti

---

[167] Cfr ANTONELLI F., *Giorgio La Pira: la sua scelta francescana*, in *Collegamento* 41 (1978) aprile, 2-8; BADALAMENTI M., *Giorgio La Pira araldo francescano del gran Re*, in QBB 5 (2006) n.5, 41-69; CARNEMOLLA P. A., *Giorgio La Pira ed Ezio Franceschini missionari della Regalità di Cristo*, in QBB 7 (2007) n.7, 45-96.

nuovi e dai colori, mi sembra, fosforescenti"[168].

Tutto ciò pone nel prosieguo vocazionale, cioè nell'opera dello Spirito sugli uomini, l'evangelo di Cristo, che dal ceppo accolto e vissuto dal Poverello d'Assisi, arriva e trabocca in novità attualissime nel Professore di Pozzallo, con quella originalità che è voluta dallo Spirito stesso.

Se La Pira "cerca di trascrivere l'esperienza di Francesco con originalità creativa nel nostro tempo"[169], questa originalità si coglie anche in quel suo andare pellegrino in Terra Santa, sulle orme di Cristo e di Francesco, non per nulla Damietta sarà una delle sue tappe nell'organigramma dei suoi viaggi in Oriente. Ciò ricorda con disarmante costanza, come, conoscendo la sua vita e specie i suoi scritti emerge, che La Pira "del Gran Re, quale moderno Francesco, si sentì semplicemente umile Araldo, ambasciatore sorridente, missionario, in tutto il mondo, presso tutti i popoli, verso tutte le religioni"[170]. Proprio per questo si può ben additare come profeta dei nostri giorni che insegna ad andare al Vangelo '*sine glossa*' come Francesco d'Assisi visse e gli insegnò.

Bisogna pur dire che non si può scorgere in profondità il vero La Pira, se non si coglie quel profondo nesso tra il suo viaggiare – il suo pellegrinare – ed il motivo che soggiaceva ad esso, che pone il Professore non sulla scia dei turisti di occasione, bensì degli uomini lungimiranti ed attenti alla storia che chiede, qualora lo Spirito gli detti, risposte nuove da far pagare di persona gli uomini interessati e coinvolti. L'andare alla vita di La Pira, come già dicevo altrove[171], è e rimane quel mistero che il Signore stesso ha voluto trascrivere nella sua storia, con una battuta felice il Rogasi ricorda che siamo dinanzi "ad un personaggio così difficile da imitare ma tanto facile da amare"[172].

Con semplicità ma nella verità, la Mazzei ricorda le parole di La Pira: "Non sono un turista non viaggio per piacere; anzi mi fa molta fatica" e da fedele accompagnatrice ne deduce: "Ma c'era la famosa rete da gettare. E infatti chi viaggiava con lui lo sapeva; non era certo un piacere perché non si vedeva nulla: la natura, che pur amava, sembrava non interessargli affatto o quasi … l'unica cosa che contava era incontrare le persone"[173].

---

[168] Citato da: BARELLI E., *È nella croce il senso profondo dell'inscindibile legame che unisce La Pira a San Francesco e al Monte della Verna*, in OR 144 (2004) [4.novembre.2004] 8.

[169] *Un testimone attuale*, 60.

[170] PERI V. *Introduzione*, in *Lettere ai monasteri*, 30.

[171] Cfr BADALAMENTI M., *La Pira Francescano. Fare della fede la vita …*, 22-25.

[172] ROGASI L., *Giorgio La Pira: lettere agli zii. Corrispondenza inedita*. Firenze 2008, 11

[173] *Cose viste e ascoltate*, 31.

2.1. Il senso del pellegrinaggio in Terra Santa

Venire pellegrino in Terra Santa non è fare sfoggio di velleità turistiche e curiosità culturali, sappiamo bene che i viaggi di La Pira furono sempre mirati, cioè avevano una valenza spirituale che, il più delle volte era conosciuta solo da alcuni intimi, avevano uno spessore di significato grande e tutto da scoprire[174]. Ben possiamo comprendere, quindi, come il suo venire in Terra Santa abbia avuto, vista la sua valenza per un cristiano, un carattere del tutto particolare.

Chi fa *il santo viaggio* (Sal 84,6) non può che portarsi nel cuore, indelebilmente scritte, le parole di una geografia di Dio che interpella l'uomo e lo chiama a comprendere cosa vuole l'Onnipotente da lui. Per La Pira i pellegrinaggi in Terra Santa furono sempre voluti ed organizzati per scopi ben precisi dicevo e, specie Betlemme e Gerusalemme, divennero le mete sempre presenti, come dei veri pulpiti per annunziare ciò che lo Spirito dice alle Chiese (cfr Ap 2,7.11.29). Ben consapevole che "ogni santuario è luogo di presenza e di appuntamento perché abitato dal 'Dio con noi' (Mt 1,23) che ci chiama all'incontro e alla comunione con sé (cfr Mt 11,28s) ... la grazia dei singoli Luoghi è ricevuta di fatto solo dal credente, il loro messaggio è captato solo dal credente, l'incontro trasformante col Dio-uomo e il suo mondo spirituale è vissuto solo dal credente, perchè lui solo intuisce 'le cose che si sperano e ... non si vedono' (Eb 11,1)"[175].

Non possono che essere queste le motivazioni che ritroviamo nel senso del pellegrinare di Giorgio La Pira e del suo pellegrinare nella terra del Signore, ponendosi nella scia nell'eredità del pellegrino Francesco, che ci fa cogliere la dimensione della pace e del dialogo che si costruisce nell'incontro tra i popoli; un pellegrinaggio dunque che se ha le sue caratteristiche spiccatamente spirituali, come le ebbe sempre in La Pira, ugualmente 'serve' a dire parole nuove accolte nella novità di Dio che, facendosi carne in questa terra, ci dona il vero senso di ogni cosa.

Se Francesco d'Assisi si fece pellegrino in Oriente e nei Luoghi Santi per testimoniare il Vangelo della pace e lo stesso Figlio di Dio benedetto venuto a salvarci, ugualmente La Pira, prendendone il testimone, si fa pellegrino intessendo le fila di una pace inevitabile e ribadendo la necessità di

---

[174] Vedi gli interessanti studi di: ARTUSI L., *I pellegrinaggi di Giorgio La Pira nelle* Lettere alle claustrali, in Le radici iberiche, 27-49; MARAGNO M., *Il pellegrinaggio e l'Europa nell'esperienza di Giorgio La Pira*, in Idem, 3-26.

[175] CIGNELLI L., *La grazia dei Luoghi Santi*. Jerusalem 2005, 13.16.

allontanare, come funesta possibilità, la distruzione del pianeta.

In questi luoghi di pace, dove da sempre la pace è stentata e ricercata, il canto degli Angeli a Betlemme non può che risuonare, tramite gli uomini, nell'umanità assetata di pace, bisognosa, di pace, in una ricerca insolvente di risposte che illuminino l'intelligenza, ma che certo in modo particolare riscaldino il cuore, dei governati, per farsi, con tutti gli uomini di buona volontà, costruttori di pace tra i popoli, ambasciatori di pace tra le genti, come lo fu Giorgio La Pira.

Come scriverà lui stesso in uno dei suo 'resoconti' del pellegrinare in Terra Santa: bisogna cogliere da questo andare "una 'logica' insieme so-prannaturale e storica"[176]. Sarà proprio questa la lettura che è necessario dipanare dalle sue e altrui testimonianze per non rimanere nella miope visione di una storia interessata e piccina; La Pira sa di essere strumento nelle mani del Signore per i suoi voleri di bene, ambasciatore di pace nel mondo, portatore di speranza all'umanità intera.

In questa stessa lettera con lucido sguardo, animato da una visione appunto sì storica, ma che la travalica e la compie, il Professore, parla della 'logica del pellegrainaggio' cogliendone, appunto, anche nei suoi risvolti di-remmo geografici, quel 'mistero della terra' che qui si fa evidente ed oscuro insieme, leggiamo le sue stesse parole[177]:

> Ed ecco, ora, la 'logica' del pellegrinaggio. Ecco… si svolse secondo que-ste tappe, che costituiscono le tappe essenziali del 'viaggio di Dio' nella storia di Israele e delle nazioni[178].
> *Prima tappa*: visita ad Ebron, dove sono sepolti i Patriarchi (Abramo, Isac-co, Giacobbe, Giuseppe). Il 'viaggio di Dio' nella storia degli omini si inizia con Abramo: il quale ebbe la visione intiera di questo viaggio: un viaggio che cominciava con lui per avere termine (in certo modo) con la venuta di Cristo (...*Abramo vide i miei giorni ed esultò* [Gv 8,56]). Queste tombe dei patriarchi sono in una moschea: Ebron è uno dei luoghi sacri più amati dell'Islam. Anche questo è un mistero! Qui, verso Ebron, converge, perciò, l'attenzione orante delle tre famiglie religiose, adoratrici del Dio vivente:

---

[176] Lettere ai monasteri, 492. Datata: *30.12.1960*.

[177] Idem, 490-492.

[178] Ecco un aspetto da tener presente: i passi del pellegrinaggio lapiriano ricalcano i passi del pellegrinare di Dio nella storia, vi è una logica di imitazione ma che è una logica di obbedienza al progetto di Dio per l'umanità, che passa dalla storia di Israele all'incarnazione del Verbo, alla storia della Chiesa, con esplicito riferimento alla terra, ai luoghi, alle città, alle genti.

ebrei, cristiani, musulmani. Quando si viene qui in pellegrinaggio, cosa si può chiedere al Signore? Che i membri delle tre famiglie siano accomunati, anche dalla visione di Abramo: che vedano, cioè, in Cristo il Verbo di Dio, l'attesa e la speranza dei secoli!

Seconda tappa: Betlemme, dopo tre millenni (circa!) di preparazione, dopo un corso drammatico di eventi che si svolgono entro i confini di questa misteriosa terra sacra che va dall'Egitto alla Palestina, ecco la nascita del Redentore: il termine finale del viaggio di Abramo è raggiunto! Quale preparazione! Quale viaggio! I patriarchi, Giuseppe, Mosè, Giosuè, i giudici, i re, i profeti, la concezione immacolata di Maria, la nascita di Maria, l'annunciazione, il Battista, san Giuseppe, il censimento di Augusto e finalmente la nascita verginale di Cristo a Betlemme: *et tu Betleem!* La storia di Israele e dei popoli si è 'per un istante' fermata; la pienezza dei tempi eccola giunta! Il Redentore è nato: ne danno l'annuncio gaudioso gli angeli del cielo (Lc 2,9). Una storia nuova comincia: un nuovo viaggio comincia: parte da Betlemme, passa da Nazareth, si 'perfeziona' a Gerusalemme (predicazione, passione, morte e resurrezione di Cristo): poi riparte da Gerusalemme (Lc 24,45; At 1,8) (ascensione di Cristo, discesa dello Spirito Santo), raggiunge Roma, attraversa l'Europa e perviene ordinatamente sino ai limiti estremi della terra (At 1,8), delle nazioni (Mt 28,19), dei secoli (Mt 28,20). Ed una stazione importante di questo viaggio è pure Firenze (Che Dio ama, come Savonarola dice).

Terza tappa: Gerusalemme (la città del gran re: Mt 4,35). Se avessi potuto, sarei andato prima a Nazareth; ma Nazaret è in Israele ed io non potevo per delicatezza attraversare la frontiera. A Gerusalemme ogni pietra porta il nome ed il sigillo di Gesù; è una tappa del suo cammino: è un documento del suo mistero. I punti essenziali di questo cammino sono: *il tempio* (ove egli pregava ed insegnava); *il cenacolo* (ove egli si donò nell'eucaristia istituendo il nuovo sacrificio e consegnando, così, ai popoli il patto della nuova alleanza); il *Calvario* (ove egli operò col suo sangue e la sua sofferenza – iniziata al *Getsemani* e consumata sulla croce – la redenzione e l'attrazione di tutto il mondo: *omnia traham ad meipsum*: Gv 12,32); *il sepolcro* (dove egli restò sepolto per tre giorni – ponendo nel seno stesso della terra il principio vitale della 'nuova terra', della risurrezione futura – e dal quale egli risuscitò, primogenito dei risorti); e finalmente *il Monte degli Ulivi* (dal quale ascese al cielo e dal quale indicò agli apostoli le vie del loro apostolato sino agli estremi confini della terra e dei secoli (Mt 28,19-20; At 1,8). Ebbene la terza tappa del nostro pellegrinaggio toccò appunto, ordinatamente, tutti questi punti essenziali del cammino di

Gesù! Non potei andare al cenacolo, perchè esso si trova nella zona di
Israele: sarà per un altra volta ....
Inutile aggiungere particolari: stiamo all'essenziale, ai fatti. Ed in questa 'ter-
za tappa' del viaggio di Dio nella storia va inclusa la tappa apostolica della
Chiesa nascente e di san Paolo: la tappa che parte da Gerusalemme (Lc
24,45) e perviene, attraverso l'Asia minore, sino a Roma (At 19,21; 21,23;
Rm 1,10-15); e da Roma si estende sino all'Europa intera ed al mondo!

Quest'attenzione, direi quasi spasmodica, si tradusse sempre nell'accuratezza del preparare l'evento del pellegrinaggio e non certo nell'improvvisa-
zione: "Ogni viaggio era meticolosamente pensato; gli dava un senso, un significato preciso; non stava alla sorte o alle proposte; anzi immediatamente
e spesso fra lo stupore dei suoi ospiti buttava all'aria tutto il programma: 'Lo
faccio io, diceva, perché so quello che voglio e dove voglio arrivare"[179]. Ben
si comprende che siamo dinanzi ad un uomo che va oltre gli accadimenti
fortuiti della stessa storia, anzi questi li pone proprio dentro quel movimento
della storia verso il suo compimento.

2.2. I pellegrinaggi di Giorgio La Pira

Sono diverse le visite di Giorgio La Pira in Terra Santa, alcune ufficiali altre private ma, come vedremo, tutte con una valenza spirituale ed
un'esperienza 'politica' pregnante, aventi nello sguardo della pace, del
dialogo, della redenzione, che opera in ogni cosa e dunque nello sguardo
di fede adulta e matura, il loro vero risvolto e la loro vera indole; avendo
ugualmente una visione della Terra Santa ampia, direi biblica, che spazia al
di là delle vicende politiche che si evolvono, se si pensa allo Stato d'Israele,
alla Giordania, al popolo Palestinese, all'Egitto.

La Terra Santa per La Pira sarà certo la geografia che va dal Sinai ad
Ebron, da Betlemme al Giordano, da Gerusalemme al Carmelo, da Nazaret
al lago di Tiberiade, ma unita alla geografia fisica vi è nel Professore un'altra
geografia, che potremmo definire della 'grazia', dell'operare dello Spirito nella Chiesa e nel mondo, che parte dalla Terra Santa e che deve espandersi su
tutto il pianeta al grido di pace, fratellanza, comunione.

Valga per tutti un significativo passaggio della circolare ai monasteri di
clausura che La Pira invia prima di uno di questi itinerari della grazia, per

---

[179] Cose viste ed ascoltate, 31.

farci comprendere lo sguardo lungimirante e profetico che ebbe nel suo pellegrinare[180]:

La terra che i patriarchi, i profeti, la Madonna e lo stesso Figliolo di Dio hanno fisicamente attraversato, nella quale hanno vissuto, nella quale hanno operato, nella quale hanno sofferto – terra santificata in modo tanto speciale dalla croce di Cristo! – non può essere, è chiaro, una terra qualunque: è terra di privilegio: la geografia intiera – e, perciò, l'intiera storia della civiltà e dei popoli – non può non avere questa terra come suo centro permanente di attrazione, di grazia e di luce. A me pare che questo principio vada fermamente affermato, proprio oggi, mentre si procede alla edificazione di un nuovo mondo delle nazioni, in questa stagione nuova della storia. Mentre l'attenzione dei popoli si muove verso le grandi speranze della pace, è necessario richiamare tutti a questo 'primato' – direi quasi fisico e geografico – della Terra Santa: di questa terra ove Dio stesso ha iscritto sulle pietre, nei campi, nelle città, nelle case e così via quel primo e massimo comandamento – *l'adorazione del Dio vivente* – che deve essere la base del nuovo edificio della pace fra i popoli! *Nisi Dominus aedificaverit domum invanum laboraverunt qui aedificant eam* (Sal 126,1).

1956.

La prima visita di La Pira in Terra Santa si ebbe nel 1956 durante i giorni della pasqua, ed è ben ricordata nel Bollettino dei frati della Custodia di Terra Santa.

La celebrazione della Pasqua del 1956 cadde il primo aprile, le cronache annotarono che "tre giorni dopo, in forma strettamente privata accompagnato dal collaboratore, avvocato Lorenzo Cavini",[181] il professor Giorgio La Pira si recò pellegrino in Terra Santa.

Proveniva da Beirut dove aveva partecipato e relazionato al congresso internazione di '*pax romana*' del movimento internazionale degli intel-

---

[180] Lettera datata *Ottava dell'Immacolata Concezione*, cioè il 16 dicembre, del 1959, in Lettere ai monasteri, 378.

[181] *Luigi Gedda e Giorgio La Pira Pellegrini in Terra Santa*, in LTS 32 (1956) 146. L'amico Cavini lo seguirà più di una volta in questo suo pellegrinare, testimonierà egli stesso a proposito dei suoi soggiorni in Terra Santa: "Prima degli incontri mi diceva: 'Enzo leggimi un Salmo'. Io leggevo il Salmo e veramente il Salmo aveva per lui una grande efficacia, perché anche se stanco e avvertendo tutto il peso delle responsabilità legate a tali incontri, riusciva a conquistare la mente e il cuore dell'interlocutore": CAVINI L., *Ricordando La Pira (Testo della commemorazione tenuta nella Basilica di S. Marco il 21.12.77)*, in NRAM 3 (1978) 31.

lettuali cattolici[182]; ricorda, il già segretario e presidente del movimento, Ramon Sugranyes de Franch, quei frangenti in questo modo: "Nel 1956, quando ero ancora segretario generale, organizzammo il viaggio più emozionante di tutti, con una gioia supplementare per me: fui accompagnato da mia moglie. Il congresso riunito a Beirut – in quel Libano che allora era ancora terra di libertà e di convivenza fra cristiani e musulmani di tutte le tendenze – aveva per tema 'La cultura e le culture', quelle d'Europa e d'Asia, i loro scontri e la loro interpretazione"[183].

Si parla di una visita che diede possibilità, e per La Pira è la prima volta, di recarsi, come viene attestato, non solo a Gerusalemme, ma anche nei santuari di Betlemme, Betania, Emmaus spingendosi a Gerico e fin sulle rive del Giordano[184].

Con dettagli interessanti viene ricordato che durante la permanenza nella città santa, il giorno 4 di aprile[185], come pellegrino illustre, il Professore, viene insignito dal Custode del tempo, il padre Lazzeri, della 'croce d'oro'[186], per tale occasione sono interessanti le parole di ringraziamen-

---

[182] Al congresso La Pira tiene un intervento: Il grande lago di Tiberiade 31-41. Come sono allusive queste espressioni (32): "La scelta di questo luogo – il Libano – non è priva di significato diciamo così misterioso e profetico: perchè qui si operano delle confluenze spirituali profonde che portano, per tutte le direzioni del mondo, sia per l'Occidente che per l'Oriente, parole vive di richiamo verso i valori eterni sopra i quali può poggiare – come su salda pietra – l'edificio dell'uomo".

[183] http://www.meic.net/data/2003-07-29_101_52.doc. Cfr SUGRANYES (de) FRANCH R., RAGUER P. H. (intervista a cura di), *Dalla guerra di Spagna al Concilio. Memorie di un protagonista del XX secolo*. Soneria Mannelli (CZ) 2003, 118. Interessante notare che Sugranyes de Franch parla di una permanenza legata a Gerusalemme e durante la settimana santa, cosa invece non attestata nel caso di La Pira: "La settimana Santa a Gerusalemme: la sera del Giovedì Santo al Getsemani, la *via crucis* del Venerdì Santo, con dei tuoni impressionanti alle tre del pomeriggio, la vigilia di Pasqua nella basilica del Santo Sepolcro".

[184] Questo viaggio verso il deserto, Gerico e il Giordano, viene testimoniato da alcuni frati che accompagnarono La Pira con una macchina. Testimonia il padre Ignazio Mancini: 'Accompagnai La Pira a visitare i luoghi biblici della zona di Gerico. Era con me anche il P. Maurilio Sacchi. Durante la discesa verso Gerico la conversazione ebbe come argomento i luoghi biblici del deserto di Giuda; al ritorno la conversazione languiva. La Pira che aveva ascoltato fino ad allora con attenzione e devozione, con molta semplicità invitò a recitare il rosario. Mia impressione: decisamente positiva. Ammirai la sua umiltà e povertà'.

[185] Verosimilmente questo è l'ultimo giorno che La Pira si trova in Terra Santa, il congresso di Beirut è datato 2-7 aprile [Il grande lago di Tiberiade, 31] ma già il 5 aprile il professore si trova a Firenze se nella sua cronologia si legge che proprio quel giorno a San Miniato, a Firenze, riceve in modo riservato dall'ambasciatore sovietico in Italia, Alexander Bogomolov, da parte di Kruscev, copia del rapporto segreto sui crimini di Stalin, rapporto ancora del tutto sconosciuto in occidente [Lettere ai monasteri, *tavola sinottica cronologica* 1448].

[186] La 'Croce d'oro' è una decorazione istituita da Leone XIII nel 1900, per gli insigni pellegrini e benefattori della Terra Santa. La cronaca riportata negli Atti della custodia così ricorda l'accaduto: "La sera del 4 aprile nel salone interno di S. Salvatore il rev.mo p. Custode davanti a tutta la co-

to che La Pira, confuso di tanta stima, espresse e che vengono sempre riportate nella cronaca dell'incontro:

> Per quanto i cristiani possano essere benemeriti, hanno da considerarsi con vera e leale sincerità come *'servi inutiles'* memori dell'insegnamento di Cristo.
> Tuttavia la nullità del servo non lo dispensa da fervida attività e grandi iniziative, avendo egli in consegna i talenti da fruttificare per la gloria di Dio e l'avvento del regno del Salvatore – continuò a dire – e molti laici possono lavorare per questo nobile scopo e lavorano, ma sentono il bisogno di un valido appoggio l'appoggio delle preghiere dei francescani e dei religiosi.
> Quindi – mettendosi a considerare la croce puntogramma che gli pendeva dal petto soggiunse – non amo portare onorificenze sul petto. Ma la croce, degna d'ogni venerazione, la voglio conservare, non dove è stata attaccata, bensì in una teca per poter aver la gioia di rimirarla di tanto in tanto e rievocare il ricordo di questo mio pellegrinaggio in Terra Santa e dell'affetto che mi hanno prodigato i Padri Francescani.
> Da ultimo la presenza delle quattro piccole croci inserite fra le braccia della grande croce gli suggerì la bella idea di un nuovo mondo dominato dalla Croce e pervaso dai frati Minori, la cui azione come fermento delle classi popolari, ha il compito di purificare la società. È l'ora che 'i frati minori' dilaghino in mezzo a questa massa umile, permeandola, elevandola, e conducendola a Cristo Redentore.

Un viaggio dettato dal desiderio di La Pira di vedere i luoghi della redenzione che attesta la conoscenza del Professore e la sua fama di laico che vive il Vangelo nonché uomo 'vicino' al mondo francescano.

Significativamente è strano che di questo suo primo apparire nella terra del Signore, La Pira, per esempio, non ne fa menzione in quelle circolari alle claustrali, che sono lo spaccato della sua esperienza cristiana e della

---

munità ha voluto fregiare il Professore Giorgio La Pira, sindaco di Firenze, colla decorazione della Croce d'oro di Terra Santa. L'atto fu suggerito dalla stima che il rev.mo p. Angelico Lazzeri aveva ed ha di questo noto esponente della giustizia sociale cristiana e della pace universale. Infatti egli non mancò di accennarvi, facendo intendere che la consegna della Croce d'oro era l'attestato delle benemerenze di questo insigne laico nella chiesa di Dio e del suo amore verso l'Ordine francescano", in ActaCTS 1 (1956) n. 1, 84-85. Un benemerito testimone – come il padre Ignazio Mancini – ricorda che in quella occasione, a testimoniare la familiarità tra il Professore il padre Custode, il padre Lazzeri raccomandò a La Pira di non vendere la croce visto che era appena dorata, perché di certo non ne avrebbe ricavato granché per i suoi poveri.

sua progettualità politica; come vedremo diversamente dagli altri che invece sono organizzati e finalizzati anche ad incontri ad alto livello e che vengono sostenuti dall'orazione delle 'monachine' dei monasteri.

Nella lettera del 15 aprile, dunque una settimana dopo quel viaggio in Libano e in Terra Santa il Professore scrive una missiva che si preoccupi di 'toccare un punto' dice, "il 'punto' concerne la vocazione strutturalmente contemplativa, orante, adorante dell'anima umana ed il mistero della grazia che in certo modo vi si connette" e come retaggio di quell'esperienza pasquale con forti tinte mistiche tra l'altro afferma: "La risurrezione di Cristo medesimo viene a noi partecipata mediante l'inserzione di una luce, *lumen gratiae*, che ci permette di alzare gli occhi verso la Gerusalemme celeste – *quae sursum est, mater nostra* –, che ci permette di gustare le cose di Dio, che, in una parola, ci fa portatori di luce, contemplatori della luce: *filii lucis*"[187].

Bisogna annotare un altro riferimento relativo al 1956. La Mazzei ricorda come, insieme con La Pira, si recò in Terra Santa: "Facemmo un apposito viaggio in Israele per l'inaugurazione del Kibbutz di Anna Frank, la bambina che nel suo diario, poco prima di essere uccisa, previde la possibilità di far pace e di volersi bene", ricordo che viene, dalla stretta collaboratrice del Professore, così evidenziato: "Alcuni dettagli danno a volte la chiave della sensibilità e della limpida poesia con cui La Pira interpretava, trasfigurava in qualche modo, la visibilità di certi valori"[188]. Il Kibbutz viene inaugurato nel 1956[189], ma non sappiamo quando e come la presenza del Professore sia giustificata; amicizie, invito, gemellaggio? Vista la visita con la Mazzei si sarebbe propensi a collocarla, senz'altro, in un momento diverso da quella effettuata nell'aprile come già veniva sopra ricordato.

1957.1958.

Il secondo incontro tra La Pira e la Terra Santa si ebbe nel Natale dell'anno successivo. È una delle visite organizzate e che rispondono ad un preciso scopo. Il professore ne parla alle claustrali nell'ottobre del '57[190] ed è certo il suo riferirlo alla missione che porta nel cuore cioè quella di far

---

[187] Lettere ai monasteri, 222.223 [15.04.1956].

[188] Cose viste e ascoltate, 113.

[189] Vedi: http://www.encyclopedia.com/doc/1G1-17387225.html

[190] "Con estrema probabilità farò un viaggio a Gerusalemme (penso durante questo mese di ottobre): cercherò di visitare con intimo raccoglimento e con vivo spirito di adorazione e di preghiera i luoghi santi tanto nella zona araba quanto della zona di Israele; penso che tale visita potrà avere estensioni anche maggiori: può estendersi sino a Damasco (per san Paolo), ad Efeso (per la Madonna e san Giovanni) ed al Cairo (per la sacra Famiglia e san Francesco)": Lettere ai monasteri, 298-299.

incontrare i popoli del mediterraneo a raccolta per una pacificazione che affondi le sue radici nell'unica fonte abramitica delle religioni monoteiste, l'ebraica, la cristiana e l'islamica[191].

Per avvenuti problemi di salute il viaggio viene rinviato e si compirà appunto a Natale, con una originale intuizione di comunione di preghiera, che viene denominata 'adunanza di preghiera', di tutti i monasteri di clausura con cui il Professore era 'collegato'[192].

Scrivendo al Papa insistendo sulla necessità della sua benedizione per intraprendere il suo viaggio, ricorda che si pone sulla stessa sua lunghezza d'onda: "Voi l'avete sempre detto: solo le armi di Cristo, soprannaturali, saranno in grado di sconfiggere 'il dragone' e sapranno restituire al corpo delle nazioni la speranza e la pace", e continua focalizzando la sua missione sottolineando che il suo pellegrinare "vuole inserirsi nella 'tematica' tanto dolorosa della storia presente ed apportarvi un lievito potente di grazie e di risurrezione"[193].

---

[191] Dimessosi da Sindaco in giugno prosegue l'impegno di "chiamare tutti i popoli mediterranei in Palazzo Vecchio per favorire, 'spes contra spem', la loro unione e la loro pacificazione. A questo fine intraprende un pellegrinaggio in Israele, Giordania ed Egitto e compie una serie di viaggio a Parigi, Rabat, Tunisi, Beirut": Il sentiero di Isaia, *cronologia*, 386.

[192] "Il mio viaggio in Palestina è un po' rinviato perché sono stato ammalato con l'influenza e perciò devo stare ancora un po' a riposo", scriverà alle claustrali in una lettera datata San Raffaele Arcangelo 1957: Lettera ai monasteri, 306. Sull' 'adunanza' da compiersi nella notte di Natale a Betlemme specifica: "Quella notte, infatti, io spero di trovarmi a Betlemme: dato lo scopo specifico di quella mia presenza – pregare per la pace dei popoli e delle nazioni proprio nel luogo dove, con la nascita del Salvatore, fu dato al mondo l'annuncio gaudioso della pace vera – ho pensato di associare alla mia presenza ed alla mia preghiera la presenza 'invisibile' e la preghiera efficace di tutti i monasteri di clausura del mondo". La lettera è datata per il giorno del ricordo di san Clemente I papa, vigilia di San Giovanni della Croce, cioè secondo l'antico calendario liturgico giorno 23 novembre 1957: Lettere ai monasteri, 307-308.

[193] LA PIRA G., RICCARDI A. PIERSANTI I. (a cura di), *Beatissimo Padre. Lettere a Pio XII.* Milano 2004, 209., 209. Vedi le varie lettere intercorse per l'occasione: 207-213. Intercorre difatti una fitta corrispondenza tra La Pira ed i Papi che vissero lungo la sua storia, e che chiede ancora uno studio approfondito e completo. Per la corrispondenza con Pio XII vedi il testo sopra; per quella con Giovanni XXIII vedi: LA PIRA G., D'ANGELO A., RICCARDI A. (a cura di), *Il sogno di un tempo nuovo. Lettere a Giovanni XXIII.* Cinisello Balsamo (Mi) 2009. Per quella con Paolo VI nella Rivista *La Badia* si possono ritrovare diverse lettere. Questo rapporto evidenzia da una parte la fede che legava il Professore alla 'voce' del Papa, come anche la reale amicizia che intercorreva tra i due, come è il caso del caro 'amico' Montini che la vigilia della sua morte, rispondendo ad una lettera di La Pira dove gli ribadiva la sua sofferenza fisica e la sua consapevolezza di essere arrivato alla fine, seppe donargli quelle stupende parole che ne riassumevano la vita: "Ricevo le tue righe con grande commozione. Vi leggo le condizioni non felici della tua salute fisica e ne soffro con te e con quanti ti vogliono bene; e vi leggo insieme il tuo 'desiderio di andare incontro fino in fondo alla volontà del Signore', doloroso e mirabile dramma della Croce, riservato a chi riflette nella propria fisica e spirituale esperienza la parola sublime di S. Paolo: 'Completo nella mia carne ciò che manca alla passione di Cristo a vantaggio del suo corpo che è la Chiesa'": in *Giorgio La Pira. Immagini di Storia.* Firenze 1997,137.

Le cronache ricordano la visita in questo mondo: "Fra i pellegrini più illustri che hanno visitato la Terra Santa in questi ultimi tempi, notiamo con piacere il Prof. Giorgio La Pira, ex Deputato al parlamento ed ex Sindaco di Firenze. È la seconda volta che il Prof. La Pira viene in Terra Santa. La prima volta venne il 4 aprile 1956 e ricevette dall'allora Custode Padre A. Lazzeri, la decorazione della Croce del Pellegrino. Questa volta è venuto per il Santo Natale"[194].

Il riferimento a Betlemme è l'unico, come si diceva lo sappiamo essenziale nell'economia del viaggio stesso, ma anche questa volta La Pira visita, come è normale, anche altri santuari, affermerà egli stesso: "Dopo Betlemme, infatti, mi recai (oltre che a Gerusalemme) a far visita ad Israele. Questa visita si iniziò con la visita al Carmelo. Concepita come visita al più grande, in certo senso, dei profeti di Israele: Elia. Del resto anche la visita in Giordania era cominciata con la visita ad Ebrom, ove si trova il sepolcro di Abramo – e di altri patriarchi – il comune patriarca dei credenti"[195].

Ed ancora con più particolari scrivendo al Re Hussein di Giordania per ringraziarlo del viaggio intrapreso ricorda con riconoscenza[196]:

> Quale visita! E di una quale terra! Hebron: la terra di Abramo e di Isacco di Giacobbe: la terra dei Patriarchi! Betlemme: la città nativa del Redentore: ove gli angeli stessi annunziarono al mondo la pace di Dio e la gloria di Dio. Gerusalemme: la città del Gran Re: la città misteriosa, contrastata, immagine terrestre, dolorosa, della eterna Gerusalemme! E poi: il Giordano, Gerico, Amman e così via: insomma la terra più preziosa, più misteriosa, più attraente del mondo!

Siamo sulla scia delle visite attuate con quella perspicacia che è inserita in una 'chiaro' – direi meglio, che si evolve sempre più – progetto mistico e politico.

Difatti, come accennavo e svilupperemo, i viaggi supportati dalle schiere oranti di vergini consacrate sostengono i passi e le scelte politiche di La Pira, in specie quei 'Colloqui Mediterranei' che, su invito del Professore, vedono

---

[194] ActaCTS 3 (1958) n. 1, 48. Inoltre viene ricordato che (47): Durante il solenne Pontificale della Messa di Mezzanotte, presieduto dal Patriarca sua beatitudine Mons. Alberto Gori, "fra i pellegrini si notava il Prof. La Pira, ospite del Governo Giordano".

[195] Lettere ai monasteri, 355.

[196] Il grande lago di Tiberiade, 114 La lettera è datata 20 febbraio 1958.

riunirsi a Firenze per diverse tornate i rappresentanti dei popoli che gravitano appunto sul mare ed oltre, con l'intento di seminare, volta per volta con tematiche particolari, ponti di riconciliazione e di pace. Colloqui che, insieme al convegno dei Sindaci delle capitali di tutto il mondo (1955), sono vere e proprie iniziative propulsive per seminare la pace, iniziative che si collocano e si specificano nei viaggi che li preparano o che sono occasioni per incontri diretti con i Capi delle nazioni.

Se dal di fuori tutto è sormontato dall'audacia e lungimiranza politica del La Pira, il suo progetto, è insieme sostenuto, fondato e si costruisce in una visione del tutto religiosa della storia e del mondo avente come capo e principe, del corpo umano e della pace, Cristo Signore.

Riferisce a proposito nel 'discorso di apertura del terzo Colloquio Mediterraneo, il 19 maggio 1961[197]:

> Non tutti forse sanno che questi Colloqui Mediterranei presero ispirazione e radice – dopo i colloqui di Rabat con sua Maestà Maometto V (che portiamo sempre nel cuore, con una speranza dolce di preghiera e di bene) e dopo la sosta di Fes (la città sul monte dell'Islam) e di Marrakesch (la città, in certo senso, di S. Francesco) – nel Natale 1957 nella terra sacra di Palestina.
>
> E precisamente, ad Hebron, presso la tomba del Patriarca Abramo (e degli altri Patriarchi Isacco e Giacobbe), padre della triplice grande famiglia dei credenti (Israele, la Cristianità, l'Islam); al Carmelo, presso il rifugio di silenzio e di preghiera del più grande (in certo senso) dei profeti della speranza di Israele, Isaia; a Nazareth, presso la casa della Dolce Immacolata Madre del Redentore; a Betlemme, presso la culla e la stella del Salvatore; a Cafarnao, presso la casa del Pescatore, nel dolce pendio del colle delle Beatitudini, al cospetto del mare di Tiberiade; ed infine, a Gerusalemme, la città misteriosa del Dio vivo, sul monte del Calvario – il monte del Redentore crocifisso – e del monte degli Ulivi – il monte del Redentore risorto.
>
> Ecco dove fu piantato quest'albero del Colloquio Mediterraneo![198]

Il riferimento, che La Pira fa al suo recarsi 'a far visita ad Israele', è ad

---

[197] *Il grande lago di Tiberiade*, 150-151.

[198] Con le stesse parole rivolgendosi alle claustrali, quasi a resoconto dell'esperienza avuta, scrive: "La barca fiorentina partita a Natale da Betlemme e da Gerusalemme, eccola decisamente avviata verso i porti di tutte le nazioni: per portare ovunque il messaggio cristiano della fede, della speranza, dell'amore: quindi della pace! Del resto come potrebbe essere diversamente? Non ci siete voi che pregate? E allora? La preghiera ottiene tutto: - perché nulla è impossibile a Dio!": *Lettere ai monasteri*, 590. Datata: *Maria Regina Mundi 1961 (31-5).*

un ulteriore viaggio di La Pira che farà nella prima decade di gennaio del 1958, appunto in Israele. Scrive al primo ministro dello stato israeliano, Ben Gurion[199]:

> Domenica 12 sarò in Israele e prima di partire ho pensato di scriverle: perchè? Per porgere al Capo del governo di Israele il mio saluto augurale e per manifestargli il significato 'interiore' 'riposto' – come diceva Vico – di questo viaggio: perché si tratta di un significato che trascende – pur incidendo su di essa in modo decisivo – ogni finalità di politica contingente, per collocarsi su un piano nel quale ha parte essenziale il 'mistero' storico e la finalità ultima della storia del mondo.

Non posso non ricordare che, in questo viaggio, La Pira farà visita ad una delle più illustri personalità del pensiero ebraico Martin Buber; lo ricorda lui stesso scrivendo all'interessato: "Ricordo tanto caramente la visita che le feci a Gerusalemme: è, cosa tanto preziosa conoscersi, amarsi, sperare insieme contemplando insieme la stella di Dio che donò luce, pace, speranza"[200].

Ci si pone in quella continuità di intenti che ha la pace come costante e che passa per i grandi uomini politici della storia di allora: "Questo unico linguaggio ho tenuto tanto al Re del Marocco (in luglio) quanto al Re di Giordania (per Natale): questo medesimo linguaggio ho tenuto per iscritto anche ai capi arabi (Nasser ed altri)"[201].

1960.
Come se non bastasse La Pira, avendo una concezione della Terra Santa biblica ed organica, non può che dire concluso il suo pellegrinaggio andando in Egitto, in cui si recherà nel gennaio del 1960. Scrivendo al presidente Nasser il 24 dicembre 1959, difatti, dice[202]:

---

[199] Il grande lago di Tiberiade, 111. La lettera è datata: *10 gennaio 1958*, La Pira sarà in Israele da domenica 12 gennaio, scrive ancora al termine della stessa missiva (113): "Domenica appena arrivato, andrò appunto al Carmelo e vi resterò l'intera giornata". Questa visita è attestata dalle cronache del Monastero delle Carmelitane dove, in data 12 gennaio 1958, si può leggere: "Visita del prof. La Pira che ci dà una grossa offerta e recita l'Angelus con la nostra Priora in parlatorio, poi va al Monte Carmelo (*Stella Maris*) dove non parlerà che di religione e di Vangelo".

[200] MAZZINI E., *Introduzione al carteggio Giorgio La Pira-Martin Buber. Carteggio*, in La vocazione di Israele, 207. La curatrice in nota [3] ricorda (221): "La Pira aveva visitato i Luoghi Santi nel mese di dicembre del 1957 trascorrendo il giorno di Natale a Betlemme. L'incontro con Buber avvenne il 16 gennaio 1958, come attesta la documentazione personale in *Archivio Fondazione La Pira* f. XLI,, fasc. 6, doc. 1.

[201] Il grande lago di Tiberiade, 112.

[202] Idem, 129.

Per la festa dell'epifania (6 gennaio) io sarò in Egitto: così realizzo un mio vivo desiderio e così, in certo modo, termino un viaggio in Terra Santa iniziato nel Natale 1957: lo cominciai visitando, ad Ebron, la tomba del Patriarca Abramo – padre dei credenti –andando poscia a Betlemme, a Gerusalemme e presso tutti i luoghi santi più celebri della Palestina; ed ora lo termino – dopo la visita a Fatima ed ai santuari cristiani di Kiev e di Mosca – visitando Damietta, i luoghi santi d'Egitto e, come punto terminale, il Monte Sinai.

Se l'andare in Egitto è una conclusione, ugualmente, è anche un volere approfondire il senso del suo itinerario, lo rivela, quasi comprendendo che soltanto le anime che si pongono in uno speciale rapporto con Dio possono capire, alle claustrali, alle quali, in una lettera dell'*Ottava dell'Immacolata Concezione del 1959*, scrive[203]:

> Nella festività dell'Epifania io partirò per l'Egitto: completerò così, in certo senso, il viaggio in Terra Santa iniziato nel Natale 1957: e lo completerò andando a pregare a Damietta (vicino Alessandria) dove san Francesco nel 1219 – in piena guerra – ebbe l'ardimento cristiano di farsi portatore di grazia e di pace presso il Sultano! Da lì, dopo aver visitato i luoghi più significativi della storia sacra – dell'Antico e del Nuovo Testamento: quante oasi di santità in queste terre! – mi recherò sul Sinai, per pregare nel luogo medesimo ove il Signore consegnò a Mosè le tavole indistruttibili del duplice comandamento! Eccole, dunque, Madre Rev., lo scopo di questa circolare: fare a lei ed alle sue figlie l'invito a partecipare spiritualmente a questo nuovo pellegrinaggio in Terra Santa (d'Egitto e di Palestina).

Ed ancora, sempre alle claustrali, facendo comprendere lo sguardo ampio ed onnicomprensivo che nascondeva il suo pellegrinare, riferendosi al viaggio del Natale 1957 e al conseguente del 1960 afferma[204]:

> Quel pellegrinaggio in Terra Santa [Natale 1957] non fu solo: seguì quello al Cairo nell'Epifania 1960 (dopo quello di Fatima e di Mosca) ed a Costantinopoli; questo pellegrinaggio ebbe come intenzione specifica la pace mediterranea (fra Israele e l'Egitto) e, in modo marcato,

---

[203] Lettere ai monasteri, 377.
[204] Idem, 966. Lettera datata: *Madonna di Lourdes 1964* [11.febbraio].

l'unità della Chiesa. In quella occasione visitai il presidente Nasser (presidente egiziano) e visitai tutti i patriarchi cattolici ed ortodossi che hanno sede al Cairo e ad Alessandria; e passando da Costantinopoli, visitai il patriarca Atenagora!

Il bisogno di preghiera, il credere nella forza della preghiera nei suoi viaggi, è costantemente attestato; all'amico Franceschini scrive, il giorno prima della sua partenza per il Cairo: "Bisogna tanto pregare perché la pace fiorisca in questo 'lato di Tiberiade' che è il Mediterraneo. Comunque bisogna sperare con fede: il Signore ama i popoli e ne desidera la conversione a lui e la pace!"[205].

Ma in questo anno bisogna ancora annotare un ulteriore viaggio di La Pira in Terra Santa, ancora una volta per Natale a Betlemme che avrà un carattere spiccatamente legato al nuovo corso della politica fiorentina della quale La Pira sarà sempre vigile e persuaso promulgatore, ponendo Firenze come crocevia delle nazioni per seminare la pace nel mondo intero; non per nulla quell'anno a novembre sarà rieletto Deputato al parlamento carica che, nuovamente, come già aveva fatto negli anni quaranta-cinquanta lascerà, qualche mese dopo, per prendere nuovamente le redini della 'città del fiore'.

La notte di Natale sarò a Betlemme … perchè questa decisione? Perché bisogna iniziare – mi sono detto – la nuova navigazione fiorentina proprio da Betlemme, da Gerusalemme (…a partire da Gerusalemme e fino alle estremità della terra: At 1,8): a partire, cioè, dal cuore e dal centro della storia e dei secoli!

Farò così: andrò ad Amman (capitale della Giordania) ove vedrò il re di Giordania: poi scenderò nella regione del Giordano (e il Battista, il precursore, ci farà da guida!); passeremo da Gerico (e ci ricorderemo di Zaccheo: ed anche dell'antica Gerico e delle mura che l'orazione fece crollare!); andremo ad Hebron (ove sono sepolti i patriarchi Abramo, Isacco, Giacobbe, Giuseppe: qui pregheremo per la 'triplice famiglia di Abramo', affinché il Signore Gesù la unifichi): e la sera del 24 saremo a Betlemme per sostare la notte presso la 'culla' del Salvatore!

Poi il 25 saliremo a Gerusalemme: e dalla terrazza del monte degli Ulivi guarderemo i secoli ed il mondo, come il Signore insegnò a fare agli apostoli nel giorno della sua ascensione (Mt 28,2; At 1,8).

---

[205] CARNEMOLLA P. A. *Giorgio La Pira ed Ezio Franceschini missionari della Regalità di Cristo. Carteggio G. La Pira – E. Franceschini (1939-1977). Appendice*, in QBB 6 (2007) n. 7, 79-80.

A Gerusalemme lo stesso giorno, 'rilanceremo' sui popoli del Mediterraneo e del mondo il messaggio divino della pace[206].

Anche questa volta la visita viene ricordata, con più particolari, negli *Acta della Custodia di Terra Santa*[207]:

Per la terza volta in questi ultimi anni, il noto Prof. La Pira è venuto pellegrino in Terra Santa. Anche quest'anno invitato dal Governo locale, ha avuto la gioia di passare il Santo Natale a Betlemme. Il giorno 23 dicembre il Prof. La Pira ha avuto la gentilezza di venire ad ossequiare il Rev.mo Padre Custode – si tratta del padre Alfredo Polidori – intrattenendosi con lui sui problemi di maggior rilievo religioso e sociale dei paesi del Medio Oriente.

È comunque interessante notare che in una significativa lettera alle claustrali, datata *Vigilia di fine d'anno 1960* (30.XII.1960), La Pira traccia un bilancio e spiega ancora meglio il senso del suo pellegrinaggio tirando le 'conclusioni' di quel suo andare, che sente non solo sostenuto dalla preghiera delle contemplative ma che diviene, per il mistico La Pira, 'quasi esperienza sensibile' che gli fa toccare con mano, nei luoghi che visita, i misteri che in loro si sono vissuti; ancora una volta la Terra Santa diviene "quella terra dove per ogni pietra e per ogni angolo e per ogni punto bisogna dire: - *vere terribilis est locus iste: nihil aliud est enim quam domus Dei, et porta coeli* (Gen 27,17)"[208].

La notte di Natale (durante la santa messa celebrata dal patriarca latino di Gerusalemme nella basilica di Santa Caterina, che è sopra la santa Grotta) sentii davvero di 'rappresentare' la schiera verginale delle anime claustrali d'Italia e del mondo, consacrate all'adorazione del Dio vivente. *Jesu corona virginum!*[209]

---

[206] Lettere ai monasteri, 485. La lettera è datata: *17.dicembre.1960*.

[207] ActaCTS 5 (1960) n. 4, 248. Nelle cronache della festa di Natale di quell'anno si annota, che "fra i pellegrini più illustri che ci hanno onorato della loro presenza, abbiamo il piacere di segnalare il prof. Onorevole Giorgio La Pira che per la terza volta è venuto in Terra Santa". *Cronaca*, in LTS 37 (1961) n. 2, 58; *La fêtes de Noël à Bethlém*, in Jerusalem 26 (1960) n. 11-12, 205.

[208] Lettere ai monasteri, 490.

[209] *Gesù corona delle vergini*. È l'inno che quotidianamente si canta nella Basilica in onore appunto di Santa Caterina a cui è intitolata, da sempre, la parrocchia latina della città, inno che conclude la processione che ogni giorno porta i frati minori, che officiamo nel sacro luogo, dinanzi alla Grotta della Natività.

Attorno all'altare con Maria, con san Giuseppe, con gli angeli del cielo, con le anime beate del cielo, erano pure presenti, diciamo così – quasi per mio tramite –, gli angeli della terra: le sposo del Verbo; le creature che rinnovano sulla terra, nel corso dei secoli, e delle generazioni, il ministero soavissimo e verginale di Maria: quelle che hanno per solo fine della loro vita terrena la contemplazione silenziosa ininterrotta (in certo modo) del loro sposo celeste: Cristo, Figlio di Maria vergine.

Ebbi quasi l'esperienza sensibile – diciamo così – di questa presenza verginale, attorno a Maria ed a Giuseppe, di tutta la 'corte celeste' (sia del cielo che della terra) che fa ala al Signore che viene!

E mi sono ricordato della delicata invocazione di santa Teresina, durante la sua prima comunione: - O santo altare circondato dagli angeli!

Quindi, Madre Rev.da, io mi sono davvero 'ricordato' di tutti i monasteri di clausura: quasi ad uno ad uno: perché non si trattò soltanto di un ricordo, ma di una soave, dolcissima, interiore 'presenza'!

Effetto di grazia – questo – causato dalla orazione intensa, affettuosa, fraterna di tutte le anime claustrali che hanno voluto accompagnarmi in questo mio nuovo pellegrinaggio nella Terra Santa.

Il viaggio a Betlemme per il santo Natale segna, in La Pira, quel nuovo corso della vocazione della 'sua città', che ricorderà e rinnoverà; alle claustrali, in occasione del Natale dell'anno successivo, con un senso del fare 'memoria', che riattualizza il mistero di cui si è stati partecipi raccomanda, per la notte di Natale alle sue 'monachine', "ridiamoci di nuovo convegno invisibile a Betlemme" con quelle intenzioni per la pace che caratterizzano l'impegno costante del Sindaco di Firenze. Tra l'altro ricorda: "Partiti da Betlemme – la città del 'pane', della pace – viaggiamo verso Betlemme: da Cristo a Cristo: per portare ovunque il 'pane' che è il Signore (io sono il pane di vita), la 'pace' che è il Signore (egli è la pace!)"[210].

1962.

La Mazzei ricorda una ulteriore visita del Professore in Israele, datata

---

[210] Lettere ai monasteri, 621. Datata: *1° giorno novena di Natale 1961 (15.12.1961)*. L'impegno del Sindaco di Firenze è estenuante e viene sempre collegato, come fonte da cui nasce ogni cosa, dal suo pellegrinare in Terra Santa: "La barca fiorentina continua il suo viaggio: partita da Betlemme e Gerusalemme (Natale 1960) essa ha già toccato in questo breve spazio di tempo (poco più di un anno!) tanti porti (vicini e lontani) e tante rive (vicine e lontane!): e presso ogni porto e presso ogni riva ha cercato di 'riversare' il suo carico di grazia e di speranza!": Lettere ai monasteri, 653. Datata: *2 aprile 1962 (San Francesco di Paola)*.

1962, una testimonianza che ci fa cogliere il senso del pellegrinare di La Pira in Terra Santa, come in ogni suo viaggio: la spasmodica ricerca di incontrare l'altro, conoscerlo, ascoltarlo, parlargli:

"In Israele nel 1962, prima quindi della guerra dei sei giorni, traversando a barriere aperte solo per lui di qua e di là di Mandelbaum (quanto ne fu felice! Uomo senza frontiere e senza guerre!) incontrò le suore de Notre Dame de Sion, la cui vocazione era finalizzata all'incontro fra i cristiani e gli ebrei; Golda Meir, Martin Buber, uomo di pensiero e di preghiera; a Nazaret le clarisse, le piccole sorelle e il Patriarca Hackim; a Betlem le carmelitane; poi di nuovo a Gerusalemme da Varadi, allora al Ministero degli Interni, alla cena ebraica del venerdì sera (rimanemmo commossi tanto ci descriveva nella sua realtà l'ultima cena); quindi a Haifa al Carmelo"[211].

Quest'ultimo inciso, relativo al Carmelo di Haifa, è attestato dal libro delle cronache del monastero delle carmelitane, che ci da anche la possibilità di indicare il mese di agosto come tempo della visita, difatti in modo telegrafico, si ricorda l'avvenimento: "Mese di agosto 1962. Il Sig. Giorgio La Pira ci onora della sua visita"[212].

1966.

Ugualmente il ricordo del 1966 è doveroso, visto che, nei primi giorni di settembre, il Professore La Pira era stato invitato ed aveva accettato di andare ancora una volta in Terra Santa. Doveva partecipare al primo Convegno in memoria di Martin Buber, che appunto si tenne a Tel Aviv dal 4 al 7 settembre del 1966. Ma, purtroppo, non poté ottemperare all'impegno. Viene cosi presentato il suo motivo alle claustrali: "Proprio in questi giorni (lei lo sa)[213] si svolge a Tel Aviv un convegno per la 'comprensione' fra arabi ed ebrei; vi dovevo andare io, vi è andato (a causa del mio incidente automobilistico risoltosi miracolosamente benissimo!) una 'delegazione fiorentina': tre nostri amici, portatori del nostro messaggio di pace per l'intiera famiglia di Abramo (accludo il testo del messaggio)"[214].

---

[211] Cose viste ed ascoltate, 32.

[212] Questo inciso conclude, nel libro delle cronache del monastero, un riferimento alla mancata ammissione alla Professione Religiosa di suor Maria della Croce (Maria Donadeo), che viene presentata come segretaria del Professore e che entrò nel Carmelo di Haifa il 25.marzo.1958. Concludendo la sua permanenza dalle carmelitane nel 1962, la si sa claustrale a Roma, nel monastero greco cattolico della Dormizione di Uspenky.

[213] Ne aveva già parlato in una precedente lettera dell'agosto del '66: Lettere ai monasteri, 1190. Data San Bernardo 1966 (20.8).

[214] Lettere ai monasteri, 1206. Lettera datata Natività di Maria 1966 (8 settembre). Il messag-

Credo importante riportare alcuni passaggi di questo messaggio, datato Firenze primo luglio 1966, dove La Pira puntualizza, in modo incisivo e
chiaro, la necessità della pace come vocazione dell'umanità:

> Nel contesto di questa 'epoca di Isaia' il dialogo, la pace ed il servizio co-
> mune – per l'edificazione di questo nuovo ordine di giustizia nel mondo
> – fra Israele e i popoli arabi (ed in generale fra i popoli della intiera fami-
> glia di Abramo) appare oggi giorno più urgente ed inevitabile.
> Se ciò è storicamente vero – e lo è – perché tardare più oltre nell'inizio di
> quel 'dialogo' che deve avere come termine inevitabile la pace di Gerusa-
> lemme e, con essa, la pace stessa, in certo senso del mondo? [...]
> Credo di non dire cosa errata affermando che questa tesi dell'inevitabile
> dialogo storico e politico per il bene del mondo, fra i popoli della famiglia di
> Abramo può essere sostanzialmente condiviso dalle guide più qualificate
> e responsabili delle nazioni arabe. Per questo *il faut forcer l'aurore à naitre en y*
> *croyant* come Rostand dice.

Quel messaggio si concludeva con queste parole: "E davvero, con tutta la mia speranza – la speranza di Abramo! – vi dico: l'année prochaine,
tutti insieme, à Jérusalem!"[215]

1967.1968.
E difatti ciò si concretizza. Per il decennale del fatidico viaggio del
'57 La Pira ritorna in Terra Santa[216]. Come un ritornello che ripercor-
re già ascoltati spartiti ma nella novità della storia che, in quell'oggi, gli
chiedeva risposte nuove, ancora una volta il Professore si fa pellegrino di

---

gio accluso non è presente nelle edizioni che pubblicano la lettera. Viene pubblicato da: La vocazione di Israele, 219-221. Tra l'altro in quell'intervento il professore ribadisce (220): "Le 'cose' che
interessano Gerusalemme, interessano misteriosamente ma realmente il destino più profondo non
solo di Israele e dei popoli arabi e dei popoli mediterranei, ma anche il destino totale del mondo".

[215] La vocazione di Israele, 221.
[216] "Fu dopo la 'guerra dei sei giorni' che alcune personalità della rappresentanza della Lega Araba
a Parigi suggerirono a La Pira di ripetere il viaggio-pellegrinaggio del 1957-1958. La Pira, attraverso i
contatti che seppe attivare, ottenne il plauso di tutte le parti in causa. Ed era già un fatto estremamente straordinario... si fece, a suo modo, promotore del negoziato fra Egitto ed Israele ... [ed] in certi
momenti di fatto fu il tramite tra Nasser e Abba Eban, i cui paesi continuavano a non avere rapporti
ufficiali. La Pira fu anche fra i primi a scorgere la crescente emergenza del popolo palestinese e si adoperò affinché l'OLP di Arafat fosse riconosciuta internazionalmente e passasse definitivamente dalla
lotta armata al negoziato con Israele": Il lago di Tiberiade, 207. Vedi l'interessante carteggio che seguì
in quei frangenti con i politici e gli amici interessati: Il lago di Tiberiade, 209-257.

pace e di speranza. Così presenta il pellegrinaggio alle claustrali[217]:

> Ebbene: la vigilia di Natale io sarò – come dieci anni or sono, ricorda? – ad Ebron (la mattina) ed a Betlemme (la sera): la mattina, cioè, sarò presso la tomba del patriarca Abramo (e degli altri patriarchi) e la sera presso la culla del Redentore divino! Nella giornata di Natale, poi, andrò a Nazareth per essere (per così dire) più vicino alla Madonna ed a san Giuseppe; e poi passerò sul 'monte delle beatitudini' (davanti al lago di Tiberiade) per 'riascoltare' (per così dire) il discorso pronunciato dal Signore: - beati i pacifici, perché saranno chiamati figli di Dio; beati i mansueti, perché possederanno la terra; beati i puri di cuore, perchè vedranno Iddio; e visiterò il Monte Carmelo, il Monte di Elia, il Monte dell'orazione.
>
> Questa struttura del mio pellegrinaggio – analogo a quello di dieci anni or sono – manifesta in modo evidente il suo scopo – l'unità e la pace della Chiesa, l'unità e la pace della famiglia di Abramo (ebrei, cristiani, musulmani) e la unità e la pace di tutte le nazioni della terra! […]
>
> Ecco, Madre Rev.da, lo scopo preciso (sempre il medesimo in tutti questi anni!) del mio nuovo pellegrinaggio natalizio in Terra Santa: un pellegrinaggio che sarà prolungato (ai primi di gennaio: intorno all'Epifania!) sino al Cairo (a Damietta, dove scese san Francesco) e sino ad Amman (per una possibile visita, rispettivamente al presidente egiziano ed al re Hussein).

Anche in questa occasione l'importante visita è riportata dalle cronache, il bollettino del Patriarcato latino di Gerusalemme così la ricorda[218]:

> Il Signor Giorgio La Pira, già sindaco di Firenze, è ben conosciuto per le sue iniziative sociali e per la sua estrema difesa in favore della pace e del riavvicinamento degli spiriti, che lo ha condotto a Mosca ed in Vietnam. Egli è venuto qui per lavorare e pregare per la pace in Terra Santa. Ha partecipato alla festa del Natale a Betlemme. In questo suo pacifico pellegrinare ha avuto molteplici contatti. Il giorno 28 dicembre, nel suo solito genere così coinvolgente, ha presentato il tema della pace ai seminaristi del Patriarcato Latino a Bet Jala.

---

[217] Lettere ai monasteri, 1224-1225. Datata: *San Tommaso ap. 1967 (21.XII.1967).*
[218] *Visiteurs de Noël en Terre Sainte*, in Jérusalem 32 (1967) nn. 11-12, 179.

Scrivendo a capi di stato e di governo, a ministri e ad ambasciatori ricorre spesso nelle sue lettere in occasione di questo viaggio-pellegrinaggio, ciò che anche altre volte La Pira aveva sottolineato e cioè che la pace in Medio Oriente è "la più difficile pace del mondo: quella fra arabi ed ebrei"[219]. Ciò si pone nella consapevole 'inevitabile scelta' cioè quella della pace; dinanzi alla possibile catastrofe nucleare non vi possono essere altre scelte se non quella della pace. Di ritorno dal suo pellegrinare che lo condusse nel Natale 1967 a Ebron, Betlemme, Gerusalemme, al Carmelo a Nazareth, scrive ad Abba Eban, ministro degli esteri israeliano ribadendo questo pensiero: "Terra Santa, Terra unificatrice dei popoli; Gerusalemme la città ove convergono, salendo, i popoli di tutti i continenti … La pace di Israele e degli Arabi è, in certo senso, – nel contesto storico presente – la pace stessa del mondo intero"[220].

Come già nel '57.'58.'60 anche questa volta nella prima decade del mese di gennaio La Pira, dopo la Palestina visita l'Egitto, la sua visita viene annunziata al presidente Nasser con queste espressioni[221]:

Mi preparo a partire (il 10) per il Cairo: al Cairo visiterò il santuario che ricorda il rifugio di Maria, di S. Giuseppe e del bambino Gesù in Egitto; poi andrò a Damietta (ove S. Francesco portò al Sultano il suo messaggio di pace) e poi – come spero – vedrò Lei. Questo 'pellegrinaggio di pace' in Terra Santa (Egitto compreso) ha la stessa struttura e la stessa finalità di quello compiuto 10 anni or sono: la pace della famiglia di Abramo e la pace, perciò, nella Terra Santa, la Terra (per definizione) della pace! La Terra dei Patriarchi; la Terra dei profeti; la Terra di Cristo, la Terra del Profeta Maometto!

Questa Terra è destinata, pel bene dell'umanità intiera, ad essere pacificata: ed a riprendere così il suo ruolo di terra centrale del mondo.

Il resoconto del viaggio viene espresso in una lettera alle claustrali dove, come è ovvio, si pone ogni cosa nell'ottica della fede e della speranza, nella certezza che matureranno quella pace tanto attesa[222]:

---

[219] Lo scrive al Segretario delle Nazioni Unite, Thant, in una lettera del 21 dicembre 1967: Il lago di Tiberiade, 215.

[220] Il lago di Tiberiade, 223.224.

[221] Il lago di Tiberiade, 225.

[222] Lettere ai monasteri, 1227. Datata Giovedì di passione 1968 (4.4.1968).

Grazie per il dono dell'orazione durante il mio pellegrinaggio natalizio in Terra Santa. Da Hebron a Betlemme a Nazareth; e da Nazareth al Cairo! Ecco l'itinerario. Vidi a Gerusalemme il ministro degli esteri israeliano (Abba Eban) ed al Cairo Nasser. Risultato? Il Signore sa che abbiamo cercato di seminare semente valida: la speranza di Abramo. Metteremo il pellegrinaggio e questi contatti politici sotto il patrocinio del patriarca Abramo, dei saggi ebrei, di Mosè, dei profeti (Isaia in specie ed Elia); sotto il patrocinio della Sacra Famiglia; sotto il patrocinio di san Giuseppe. Nonostante tutto crediamo di aver costruito un valido ponte fra le due opposte rive. I venti non sono mancati e non mancano: ma la fede è più forte ed è più forte la speranza; e fede e speranza vinceranno: la pace di Gerusalemme verrà. Continuiamo a pregare per questo.

Uno degli accompagnatori di La Pira in quel viaggio – Giorgio Giovannoni – così ne parla in una tavola rotonda che tra l'altro parlava della pace in Medio Oriente: "Il Professore parlò con Abba Eban, con la signora Meir e poi in Egitto con Fayek, con Okacha e con Nasser molto lungamente. Parlò naturalmente della sua visione abramitica e politicamente organica, spiegò che cosa avrebbe significato la pace nella regione mediterranea rispetto allo stato di continua conflittualità o sia pure anche allo stato di né pace né guerra"[223].

1969.1970.
Vi sono un groviglio di riferimenti che attesterebbero alcune visite, in questo periodo, di La Pira in Terra Santa, senz'altro alcuni punti sono rintracciabili, altri, invece, da verificare in mancanza di ulteriori riscontri.

In una lettera del gennaio 1969 alle claustrali La Pira scrive[224]: "A giorni parto per il Cairo: la situazione è laggiù (ed in tutto il Medio Oriente: a Gerusalemme, come a Beirut, a Damasco, a Bagdad, ad Amman) molto pesante: il punto massimo di attrito è oramai qui, nella terra del Signore!". Siamo nella piena consapevolezza che il Medio Oriente, la Terra Santa, è il punto nevralgico della pace del mondo intero; "Lo scopo? – continua, a proposito del viaggio – L'unità e la pace della famiglia di Abramo: è stato sempre questo (da 12 anni) il fine della nostra azione laggiù"[225].

---

[223] *La Pira tra politica italiana e politica internazionale. Tavola rotonda di 'Cultura' e 'Testimonianze'*, in *Testimonianze* 21 (1978) nn. 203-206, 398.

[224] Lettere ai monasteri, 1232. Datata *S. Antonio abate 1969 (17.1.1969)*.

[225] Come a rendersi conto del bisogno impellente di pace per quella terra e, di contro, come riflesso di

Da un'altra fonte sappiamo invece di una presenza di La Pira a Gerusalemme nella pasqua dello stesso anno, ve ne è un accenno in due lettere, una indirizzata ad Abba Eban ed una ad Arafat[226], dove si parla di un intervento del Professore a Gerusalemme: "Profezia (di Isaia) diventata storia (Is 2, 1ss): questa tesi – che io esposi a Gerusalemme nel simposio della Pasqua 1969 – è reale: la profezia di Isaia sta per diventare (in questa età atomica e spaziale, demografica) la grande strategia storica del nostro tempo". Il riferimento è alla volontà politica del 'negoziato triangolare' tra Israele, stato palestinese e stati arabi, costantemente propugnato da La Pira: "Che sostenni pubblicamente – scriverà ad Arafat – nella Pasqua 1969 a Tel Aviv ed a Gerusalemme ... "; ugualmente la cronologia (*1969-1970*) del testo *Il sentiero di Isaia* ne parla in questo modo: "A Gerusalemme, Tel Aviv, Betlemme, Hebron espone pubblicamente la 'tesi triangolare' (Israele, Palestina, Stati arabi) sulla quale possa essere edificato il vero negoziato per la pace in Medio Oriente"[227].

Vi è ancora da riportare la didascalia che presenta una foto del Professore, nel bel libro *Giorgio La Pira. Immagini di Storia*[228], foto che viene presentata: "Tel Aviv (Israele), 10 giugno 1969. A una riunione del 'Comitato israeliano per la pace'".

---

serenità per l'intero pianeta, vi è da parte del Professore una insolita insistenza: "Pregare con estrema decisione il Signore – con l'intercessione della Madonna, di san Giuseppe, del patriarca Abramo, del profeta Isaia, di tutti i santi eremiti, specie di Paolo e Antonio egiziani, di san Francesco e di tutti i santi – perché sia posta fine a questa guerra tra arabi ed ebrei e si faccia così, con la pace Mediterranea, la pace del mondo! Pregare con estrema decisione – questa pace si deve fare: *pax super Israel!* (Sal 124,5)": Lettere ai monasteri, 1232.

[226] *Lettera di La Pira ad Abba Eban*. 25.agosto.1970; *lettera di La Pira ad Arafat*. 26.agosto.1970, in Il lago di Tiberiade, 286. 287.

[227] Questa visita 'pasquale' dunque è certa e documentata, la ricorderà ancora una volta a Cagliari nel 1973 al Convegno Internazionale sul Mediterraneo quando nel suo intervento – *Unità della famiglia di Abramo e pace dei popoli mediterranei* – tra l'altro La Pira afferma: "La tesi fiorentina fu così precisata e pubblicamente enunciata in un discorso tenuto a Gerusalemme: 'La soluzione del problema palestinese non può essere che politica; il possibile dialogo politico arabo-israeliano non può, ormai (se vuole essere efficace e risolutivo davvero) che essere triangolare: Israele, Palestina e gli altri Stati arabi'. Queste tesi indicammo epistolarmente anche ad Arafat. Questa 'testi fiorentina' del triangolo appare ogni giorno più valida. Tutti sono in certo modo persuasi che il negoziato e la pace arabo-israeliana passa inevitabilmente da questo triangolo": Il lago di Tiberiade, 317. Vedi: Il sentiero di Isaia, 392. Giorgio Giovannoni riporta questo riferimento con la data 1970: "Ecco quanto disse a Cagliari il prof. La Pira rivelando il contenuto di una riunione in Israele (1970): 'La tesi fiorentina ... '": *La Pira tra politica italiana e politica internazionale. Tavola rotonda di 'Cultura' e 'Testimonianze'*, in Testimonianze 21 (1978) 203-206, 401.

[228] *Giorgio La Pira. Immagini di Storia*. Firenze 1997. È la foto 185 di p. 124. Ciò attesterebbe la presenza di La Pira ancora un volta, dopo la Pasqua di quell'anno, anche a giugno? Lo poniamo, visto che non abbiamo altri riscontri, come interrogativo, evidenziando, purtroppo, che nello stesso testo varie volte le foto sono presentate con riferimenti e date del tutto errate: è il caso, sempre per i viaggi di La Pira in Terra Santa, di ciò che viene riportato nelle pp. 72-73 foto 99-102.

1971-1973.

Prima di questa data in una cronologia posta alla fine del testo *Il sentiero di Isaia* in riferimento al periodo *1971-1973*, viene affermato che La Pira fa notevoli viaggi, tra i quali anche "al Cairo, a Gerusalemme, a Beirut per il Medio Oriente"[229], ma purtroppo senza altre specificazioni; bisogna dire che non ci sono altri riscontri plausibili in queste date.

1974.

L'ultima volta che il Professore si reca nei Luoghi Santi è testimoniato dalla sua ultima lettera che invia alle claustrali e che riporta la data della festa della *Santissima Trinità 1974* (9.6.1974). purtroppo non abbiamo altri riscontri per dire se il 'pellegrinaggio' si fece[230]:

> Nei prossimi giorni sarò a Gerusalemme, ed andrò a Hebron (dove fui – in pellegrinaggio di pace – nel 1968) in pellegrinaggio presso la tomba del patriarca Abramo e degli altri patriarchi: il punto di irradiazione della pace del mondo e, in certo senso, proprio lì: – *in te saranno benedette tutte le nazioni della terra!* (Gen 12,3). Il Signore stesso ('Abramo vide … il mio giorno e ne tripudiò': Gv 8,56) e la Madonna stessa ('… come ha parlato ai nostri padri, ad Abramo ed alla sua discendenza nei secoli': Lc 2,55) lo hanno profeticamente visto e costituito quale 'punto unitivo' di tutte le nazioni e di tutta la storia. […]
> Il pellegrinaggio di Hebron si inserisce appunto in questa inevitabile e crescente speranza di Abramo: esso, del resto, è la continuazione ideale del pellegrinaggio simile fatto ad Hebron nel 1968 (subito dopo la guerra dei sei giorni) in condizioni allora quasi disperate: oggi il cielo si è quasi miracolosamente schiarito ed una stella di prima grandezza, quasi nuova stella di Betlemme, è apparsa nel cielo della Chiesa e del mondo.

Seppure abbiamo questa testimonianza diretta del Professore, dobbiamo addurre anche un altro testimone che attesta la sua venuta in Terra Santa in quell'anno, testimone che certifica i fatti datati, che però si riferiscono al 15 gennaio del 1974, dove, nel libro degli ospiti del Santuario del Carmelo di Haifa si legge un suo scritto, dunque la visita è certa, scritta che con parole semplici ma efficaci testimonia il cammino di tutta una vita verso la pace in questa regione del mondo: *"Venite ascendamus ad montem Domini!* La Vergi-

---

[229] Il sentiero di Isaia, 393.
[230] Lettere ai monasteri, 1249.1250.

ne sta per sigillare la grande pace della triplice famiglia abramitica: e sta per sigillare in conseguenza la pace del mondo"[231].

Come si vede dunque nell'arco di quasi venti anni, circoscrivendo le visita con un termine *a quo*, che è il 1956 ed uno *ad quem* che è il 1974, la Pira, anche in relazione agli altri viaggi, viene continuamente in Terra Santa, almeno una decina di volta, intendendo per Terra Santa ciò che è bene intendere nel suo ampio respiro odierno di diversi Stati, dall'Egitto ad Israele, dalla Palestina alla Giordania. In situazioni non sempre ottimali, specie per la gravità della situazione politica della regione, ma sempre guidato da quella ferma fede e dalla sua granitica speranza che nonostante tutto la pace, un giorno, arriverà anche in questi luoghi, centro del mondo e centro di irradiazione della pace per il mondo intero.

Quello che traspare in queste trame geografiche è la certezza di un suo operato, che in fin dei conti non è suo, ma è di Dio in Lui e che si attua tramite la preghiera delle claustrali. Questo si capisce non solo per la Terra Santa ma anche per gli altri avveniristici viaggi, se si pensa, soltanto per citarne due rimasti storici, quello nell'Unione Sovietica al tempo della guerra fredda e quello nel Vietnam durante la guerra con gli americani[232]. Di questa convinzione profonda La Pira ne fa quasi professione di fede in una delle ultime lettere del suo ricchissimo epistolario alle claustrali, che sono lo spaccato della sua esperienza mistica e storica, come già dicevamo[233], quando afferma: "Sì io credo fermamente che tutto quanto abbiamo fatto di efficace, in questi 20 anni di azione per la pace dei popoli, sia dovuto all'efficacia invincibile della orazione dei monasteri (*quidquid orantes petitis ecc.* Mc 11,24)"[234].

---

[231] Testo riferito da: FANFANI A., *Applicazioni lapiriana del metodo francescano*, in La Pira oggi, 345. Vedi: FULCI F. P., *La politica estera nell'epistolario Fanfani-La Pira*, in Carteggio La Pira-Fanfani, 117.

[232] Per i viaggi di La Pira vedi: CITTERICH V., BIAGI E. (presentazione), *Professore mi ricordo. Lettere a Giorgio La Pira. 1981-1991.* Torino 1991; Id., *Un Santo al Cremlino.* Cinisello Balsamo (Mi) 1992²; BERNABEI D., GIUNTELLA P., *Giorgio La Pira 'venditore di speranza'.* Roma 1985.

[233] Il curatore di questa preziosa raccolta l'indimenticabile Prof. Peri, nella sua Presentazione postuma, con chiarezza esprime il senso di questo 'tesoro di carta' che ci fa conoscere il vero La Pira: "Scritte e spedite con ritmo e proporzione saltuari, inviate di volta in volta dall'autore a monasteri o destinatari individuali diversi, si comprende come nessuno abbia potuto leggerle e capirle nel loro insieme così da poter rendersi conto che esse rispondevano agli occhi del loro autore ad un piano organico che egli si sforzava di individuare nell'attualità come indicato da Dio. Accludendo documenti e messaggi, La Pira, perseguiva con esse un piano 'politico' di ispirazione divina e ne dava conto spirituale e informativo trasparente (una specie di antica confessione pubblica) al popolo di Dio inteso come i piccoli, i poveri, i credenti, i sacerdoti di tutta la Chiesa di Dio: giorno per giorno, ispirazione ed iniziativa per ispirazione ed iniziativa". PERI V., *Introduzione*, in Lettere ai monasteri, 22.

[234] Lettere ai monasteri, 1246. Datata *Vigilia di Sant'Andrea apostolo 1973 (29.XI.73)*.

Testimonierà Fioretta Mazzei che gli fu sempre vicino: "La Pira era convinto che Dio guida la storia, anzi la disegna e che questo disegno, specie per i puri e i distaccati, è in qualche maniera intuibile e vivibile. Allora bisogna spingere la storia, avendola in qualche modo vista nelle sue alternative (positive e negative) di bene e di male, con la preghiera e la dedizione di sé"[235].

Vi è proprio in questa visione di fede della storia la consapevolezza evangelica che, secondo le parole del Maestro divino, senza di Lui nulla si può adempiere – *chi rimane in me e io in lui, fa molto frutto, perché senza di me non potete far nulla* (Gv 15,5) – in questa certezza di fede La Pira coglie l'importanza della preghiera, dell'orazione, dell'"ozio contemplativo", che farebbe ridere i più se lo si pone, come avviene nella vita del Professore, come la vitale linfa che smuove le sorti della politica, dell'economia, degli accordi tra i popoli. Quanta acutezza di vedute nelle sorti dei popoli deputati alla forza misteriosa dell'orazione!

Scriverà: "I monasteri di clausura sono… le avanguardie dell'esercito di Dio e le vedette delle città di Dio: nella grande avanzata missionaria che la storia di domani riserva alla Chiesa e alla civiltà cristiana essi rappresentano… quasi la nube ed il fuoco che facevano da guida ad Israele durante le sue avanzate nel deserto in direzione della terra promessa!"[236].

La preghiera non solo era da lui richiesta, per i viaggi che faceva, ma era l'anima del suo stesso andare, lui stesso si preparava interiormente ogni qual volta doveva andare pellegrino nel mondo e sempre con una oculata e profonda intenzione di fede: "I viaggi erano sempre preparati con altrettanti pellegrinaggi in patria: alla SS. Annunziata, ai monasteri di Firenze tutti impegnati a pregare, a Roma nella Basilica di S. Pietro. Quando partiva per il Medio Oriente e per l'Egitto faceva una corsa alla Verna per partire di lì 'nel disegno di S. Francesco'… aspetti coloriti che sembrano così estranei alla nostra mentalità 'esecutiva' di gente di affari, ma spiegano invece tanto del suo vivere e del suo pregare: questo coinvolgimento di tutta la Chiesa militante e trionfante per spingere continuamente la storia"[237].

Si comprende dunque che se non si è capaci di porre La Pira, il suo pellegrinare, il suo dialogare e contattare capi di Stato e Re, Principi e Ministri in questa visione che definirei 'spirituale' cioè avente nella forza dello Spirito

---

[235] MAZZEI F., *'Dio guida la storia anzi la disegna'. A 20 anni dalla morte di La Pira*, in Il Focolare 57 (1997) n. 12, 8.

[236] Lettere ai monasteri, 313. Datata *San Benedetto 1958* (21.03.1958)

[237] Cose viste e ascoltate, 32.33.

Santo la sua motrice e la sua matrice, ben poco si può comprendere non solo dei 'gesti' di La Pira ma del suo essere che lo spinge a fare.

Con arguzia teologica il padre Danielou, presentando un libro sul Professore, lo dipinge con alcune pennellate che direi essenziali: "La Pira è un contemplativo, un uomo di preghiera, qui bisogna trovare la fonte di tutte le sue azioni. Ma è ugualmente un politico realista, vicino ai problemi della vita sociale di oggi, un politico che lavora per risolvere concretamente tali problemi. È ugualmente un intellettuale che possiede una forte cultura giuridica e filosofica e non intraprende qualcosa senza poterla giustificare. Infine è un poeta che ha trovato a Firenze la patria della sua anima dove il suo pensiero si esprime spontaneamente con immagini eclatanti"[238].

Una personalità eclettica tutta da scoprire ma che nella comunione dell'operare dello Spirito diviene cristallina, limpida, chiara, comprensibilissima, ecco come allora bisogna vedere il suo venire in Terra Santa: per La Pira, la terra del Signore, fu un crocevia di interessi non di bassa politica, di spartizione territoriali, di vedute interessate, assolutamente no! Ci troviamo dinanzi allo sguardo dell'uomo di Dio che si fa guidare dallo Spirito di Dio e vede la storia in movimento e le occasioni, i fatti, le persone come protagonisti di una costruzione che abbia un'unica finalità, la pace, la fraternità tra i popoli, l'osmosi di comunione di fede e di amore tra le tre grandi religioni abramitiche.

Una Terra Santa che è Vangelo vissuto, sperimentato, toccato, non si spiegherebbero altrimenti i suoi reiterati riferimenti ai 'luoghi santi', come luoghi del compimento della 'storia di Dio' che, passando tra la storia degli uomini, l'arricchisce di senso e di luce.

"Meditando sul tessuto degli eventi di tutti questi anni si vede tanto chiaramente – malgrado inevitabili transitori oscuramenti – la stella che ha guidato 'verso Betlemme' il nostro comune cammino! Il Signore ci dia la grazia di avere sempre avanti allo sguardo delle mente e del cuore questa stella preziosa – *videntes eam gravidi sunt gaudio magno*[239] – ed il cammino salutare che conduce verso Betlemme i popoli di tutta la terra!"[240].

---

[238] DANIELOU J. *Préface*, in BRISCHOUX C., *Georges La Pira*. Paris 1955, 5.

[239] Il testo della Vulgata comunque recita: *Videntes autem stellam gavisi sunt gaudio magno valde*. Non sappiamo se ci sia uno sbaglio di stampa nel testo, o forse, cosa più plausibile, il testo stesso è citato da La Pira a memoria.

[240] Carteggio La Pira-Fanfani, 303. La lettera inviata dal Professore all'amico di sempre è datata: *3 gennaio 1967*.

2.3. La missione della pace nell'itineranza del suo andare

Approfondendo la conoscenza di Giorgio La Pira non si può che rimanere impressionati dalla sua indole; testimonia un suo caro amico: "Era tutto fantasia, un vulcano di idee, un sognatore di gesti concreti, una persona poliedrica e veramente universale"[241]; ciò emerge con schiettezza e forza nella sua opera di pace che il Professore accoglie come vocazione, cioè come chiara – nel senso che si dipanerà nella sua storia – volontà di Dio per lui nel rispondere ai bisogni dell'umanità con quel suo acuto 'tatto' profetico che lo distinse.

"Si sentì – in una trasposizione moderna dell'espressione medioevale Araldo del Gran Re, che il suo Istituto secolare francescano aveva rilanciato per Francesco d'Assisi – inviato e, ambasciatore plenipotenziario di Cristo – sorridente, dimesso, sereno – per l'unità, il disarmo e la pace, presso i governanti e i capi degli Stati e i principali responsabili della politica e della cultura internazionale: quindi fu accettato, nel riconoscimento di tutti, come abile diplomatico e statista di influenza internazionale, ancorché privo di credenziali di uno Stato particolare o di incarichi di un partito politico di appartenenza"[242].

Questa vocazione nel Professore ha un *quid*, che si pone nel tempo, nella storia, nei 'suoi' giorni; se la famosa pasqua del 1924 aveva diviso la sua vita in un prima e in un dopo, un prima fatto di ricerca e un dopo fatto di certezza del Mistero di Cristo[243], così l'Epifania del 1951 aveva donato a La Pira la certezza di una vocazione missionaria da spendersi per la pace e la fratellanza dei popoli.

Nella chiesa di S. Maria in Vallicella a Roma, come ricorda lui stesso, avverte – è una vera e propria investitura – di essere chiamato a diffondere il messaggio di Dio per l'unità e la pace di tutti i popoli.

"Quindi La Pira 'libero apostolo del Signore, sperimentatore di Dio' come lui stesso ama chiamarsi, prima fase; La Pira profeta politico con una

---

[241] MALAGOLA M., *La Pira uomo di dialogo e di pace*, in QBB 6 (2007) n. 7, 131.

[242] PERI V., *I fondamenti teologali della santità dei laici: Giorgio La Pira, tra speranza storica e carità politica*, in QBB 2-3 (2003-2004) nn. 2-3, 47.

[243] Cfr Gli anni messinesi, 66-67.79; Lettere alla sorella, 22.50; Vedi: POSSENTI V. (a cura di), *Nostalgia dell'alto. La spiritualità di Giorgio La Pira*. Genova-Milano 2005, 24-64. 213-227. Con quanta profondità di Mistero sperimentato si accolgono queste parole che scrive all'amico Pugliatti: "Io non dimenticherò mai quella Pasqua 1924 in cui ricevetti Gesù eucaristico, risentii nelle vene circolare un'innocenza così piena da non poter trattenere il canto e la felicità smisurata": Lettere a Pugliatti, 138

singolare missione per l'unità e della pace dei popoli, seconda fase"[244].

Con lucidità e solito sguardo che va in profondità il Professore stesso ricorda la data dell'Epifania del '51, scrivendo alle claustrali[245]:

> Ella deve sapere, Madre Rev.da, che nell'Epifania 1951 (dieci anni or sono!) partì da Firenze (anche se localmente la cosa si svolse a Roma) il primo messaggio cristiano di pace verso la Russia sovietica: quel messaggio – per un complesso provvidenziale di circostanze le più impreveduti – pervenne fino a Stalin (fu un 'pensiero' che mi nacque assistendo alla santa messa cantata in Santa Maria in Vallicella a Roma, la chiesa di San Filippo Neri, fiorentino!).
>
> Eravamo in una situazione politica terribile: la guerra sembrava scoppiasse da un momento all'altro: in una situazione così disperata mi nacque, pregando, l'idea di osare l'inosabile: *spes contra spem*.
>
> Un piccolissimo seme! Ma di quale potenza, se ne contempliamo – dieci anni dopo! – i frutti tanto impensati (da esso derivarono i convegni della pace, il convegno dei sindaci, e colloqui mediterranei: e fu esso, in sostanza, a qualificare, orientandola, tutta 'l'azione fiorentina' di pace cristiana nel corso di tutti questi anni: il viaggio a Mosca, nel Medio Oriente ecc. e tutta l'azione 'attrattiva' verso i popoli nuovi dell'Asia e di Africa vanno appunto ricondotti, come fiori e frutti, a quel primo piccolissimo seme!).
>
> Dunque, veramente Firenze ha svolto in questi anni (sotto l'impulso mi-

---

[244] NISTRI S., *La spiritualità del giovane La Pira*, in POSSENTI V. (a cura di), *Nostalgia dell'alto...*, o.c., 54. Vedi: PERI. V., *Giorgio La Pira. Spazi storici frontiere evangeliche*. Caltanissetta-Roma 2001.

[245] *Lettere ai monasteri*, 566-567. Datata *Epifania 1961*. Lo stesso episodio con una maggiore ricchezza di particolari viene ricordato in una intervista, per il quotidiano 'Il Popolo' del gennaio 1976, dunque ben 25 anni dopo i fatti ma sempre a suggellarne l'importanza per la vita del Professore, la domanda riguardava i Convegni per la pace: "Era appena scoppiata la guerra di Corea, 1950. Il mondo aveva davanti sé la prospettiva di una nuova guerra più terribile e distruttiva della precedente. Nello sfondo era la bomba di Hiroshima. All'inizio del 1951 ero a Roma per partecipare ad una riunione, presso Einaudi, per il soccorso invernale. Partecipava a quella riunione anche Bitossi. Il giorno dell'Epifania andai a sentire la messa alla Chiesa Nuova. Vi si celebrava la 'messa delle Nazioni'. Ne fui colpito. Sapevo che, in quei giorni, Togliatti e Longo erano a Mosca. Uscendo dal Quirinale, dissi a Bitossi, come me allarmato dalla gravità della situazione: 'Togliatti e Longo sono a Mosca, bisogna approfittare per fare qualcosa. È urgente fare qualcosa: sono certo che questo sia anche il pensiero del Papa'. Bitossi non perse tempo, ne informò subito Togliatti invitandolo a premere sui sovietici perché cercassero un dialogo con la Santa Sede. Così lui aveva interpretato quello che gli avevo detto. La sera stessa, informai il Sostituto Segretario di Stato, Montini, di quello che avevo detto a Bitossi. Montini ascoltò in silenzio. *Pater vero rem tacitus considerabat*. Stalin ebbe da Togliatti le notizie che le ho detto e rispose scioccamente: si rivolgano ai partigiani della pace, o qualcosa del genere": *Il lago di Tiberiade*, 321.

sterioso dell'orazione dei monasteri di clausura) una 'azione apostolica di Epifania', per così dire: cioè diffusione del 'messaggio di Dio' presso tutte le nazioni; messaggio di grazia e di pace (di pace e civiltà cristiana).

Come si può vedere si coglie una lettura della storia, dopo dieci anni degli avvenimenti, che orienta questa stessa verso altri momenti che la vita del Professore vivrà e sempre con quello sguardo perspicace che lo caratterizza; siamo dinanzi ad una lettura che si pone anche dentro il mistero di Dio che La Pira vive nella liturgia e nella storia, nella preghiera e nella chiesa.

Se, come accennavamo la Pasqua del '24 ne caratterizzò il tratto spirituale, il Cristo Risorto sarà il suo costante riferimento in tutto e per tutto cogliendo nella 'forza' della risurrezione la dinamica della storia dei popoli, ieri come oggi e come sarà anche per domani[246]; dall'altra parte si raccoglie, nell'eredità universale della festa dei Magi venuti dall'Oriente, quello spirito missionario ed universale che pone in movimento la storia avendo incontrato il Principe della pace, il Bambino Gesù.

Il tutto, come è sempre nell'esperienza dei profeti, con lo sguardo al dopo e nel nostro caso con lo sguardo in alto: "Solo nel corso dei decenni successivi egli ebbe modo di sperimentare, nella continua riflessione-contemplazione sui fatti e gli avvenimenti della vita, come queste date liturgiche conservassero un senso particolare nello svolgimento della sua esistenza ed uno universale e centrale per la vita della Chiesa intera, entrambe avvolte nell'unico mistero di Dio. Pasqua ed Epifania vennero a strutturare, in quest'ordine di importanza, il primigenio e graduale formarsi del ciclo liturgico annuale intorno alla morte e Resurrezione di Cristo, fino ad aprirlo con la festa perenne della prima apparizione del Re futuro e pacifico della profezia di Isaia, del Dio-con-noi, nei panni umili dell'Infante, ad alcuni pastori, ad alcuni saggi di religione e cultura ebraica"[247].

Un fissare nella memoria, immagini, date, accadimenti con cui La Pira 'gioiosamente' presenta la sua storia e quella storia che con lui scrive Iddio stesso, sempre Peri ricorda: "Era il suo modo francescano di seminare con semplicità 'parole di vita', attinte vivendole nel Vangelo, di una quotidianità eroica"[248].

---

[246] Cfr : Il Fondamento, 14. 142-143. 178-184. 276-282. 292-313. Vedi il mio: BADALAMENTI M., *Giorgio La Pira francescano* ... , o.c., 36-44.

[247] PERI V., *Giorgio La Pira e le Conferenze vincenziane*, in (appendice) LA PIRA G., GALLICI G. (a cura di), *Scritti vincenziani*. Roma 2007, 143.

[248] Idem, 144.

Questo ci fa comprendere perché la sua vita fu costantemente un andare alla Parola di Dio per incarnarla e sviscerarla nella risposta quotidiana che si faceva prassi che questa stessa gli suggeriva; in modo costante la vita di La Pira possiamo leggerla proprio dall'angolatura dell'uomo di pace, dell'operatore di pace.

Beati gli operatori di pace, perchè saranno chiamati figli di Dio (Mt 5,9).

La beatitudine della pace, degli operatori di pace come dice il testo, cioè di coloro che mettono pace nelle situazioni. La parola, annunzio dell'Evangelo, nel compito del credente deve farsi impegno ferreo a distruggere l'inimicizia e non certo il nemico. Come sono indicative le parole di Abramo Lincon che diceva a se stesso: 'Forse non distruggo i miei nemici quando me li faccio amici?' A ricordare un impegno che sia dunque propositivo e sempre accogliente dell'altro, della persona che mi sta dinanzi, fosse anche il più incallito impostore.

Alla parola evangelica, come riflesso della vocazione stessa del Professore, fanno eco le espressione di Francesco di Assisi di cui si ricorda una ammonizione proprio legata a questa frase evangelica[249]: "Beati i pacifici, poiché saranno chiamati figli di Dio. Sono veri pacifici coloro che in tutte le cose che sopportano in questo mondo, per l'amore del Signore nostro Gesù Cristo, conservano la pace nell'anima e nel corpo".

Ma la ricerca, l'annunzio, la testimonianza della pace in La Pira sono frutto, come si accennava, di una familiarità biblica impressionante. Se si leggono i suoi scritti si rimane difatti favorevolmente impressionati non solo delle citazioni bibliche, ma di una concreta teologia biblica che ne deriva e che diviene prassi, vita, scelte, opzioni. Vi sono senz'altro delle sottolineature che si ripetono in questa 'parola' meditata, contemplata, macinata nel cuore e riflessa nel pensiero e nella vita; a tale proposito è innegabile il suo riferimento fondante agli episodi della Risurrezione di Cristo come fondamento di ogni cammino di storia[250], al pari della sua lettura del profeta Isaia e del libro dell'Apocalisse, che diventano un costante invito a saper leggere, con gli occhi del 'profeta di speranza', la storia contemporanea.

"Per La Pira il grande sogno di Isaia [cfr specie Is 2,2-5] era una 'sfida alla storia' da raccogliere, 'la stagione di Isaia' da salutare con robusto im-

---

[249] Am 15,1-2: FF 164

[250] È necessario leggere la famosa lettera, che diviene rivelativa di una forte esperienza di una risurrezione che non esuli dalla storia, ma che anzi faccia incarnare ancora meglio il mistero della fede, la lettera a don Nesi. LA PIRA G., *I veri 'materialisti' siamo noi che crediamo in Cristo Risorto*, in Il Fondamento, 142-143.

pegno, 'la conversione delle bombe in pane, delle armi in aratri, delle lance in falci', da attuare. Era 'l'utopia profetica della pace universale' che non è puro sogno, bensì 'il solo realismo della storia e della politica' nel mondo presente; era 'la strada di Isaia da imboccare', 'la strada della convergenza, dell'incontro', che si doveva percorrere dopo aver gettato i ponti fra tutte le nazioni. In un parola era 'la tesi di Isaia' da sposare senza riserve, era 'il comando di Isaia' da eseguire"[251].

Così come dall'Apocalisse, specie nelle parti finali del libro, La Pira raccoglie la sfida del 'millennio' che diventa non solo pensiero ma ugualmente programma politico da intravedere ed attuare[252].

Con linearità e costanza dunque raccogliamo dal Professore l'eredità, oggi particolarmente viva nella Chiesa, di un andare alle scritture, che diviene l'anima del vivere la propria fede. Dinanzi alle pagine della parola di Dio La Pira non è uno sconsiderato, un superficiale lettore, bensì l'uomo di fede che sa scrutare le divine scritture con quell'afflato dello Spirito che fa guardare in avanti nel costruire la storia. "Secondo La Pira, Geremia, Isaia e gli altri profeti non erano idealisti o filosofi. Scrivevano per visione, non per illusione. Percepivano visivamente realtà soprannaturali non ancora presenti che però presto o tardi si sarebbero adempiute. Ecco da dove viene la forza del suo impatto. L'era messianica non rappresenta un sogno ma un obiettivo e una meta elevata maturata alla luce della parola di Dio. La pace e il dialogo sono incarnati in una persona che è il suo modello di vita: Gesù"[253].

Nel Professore possiamo allora addurre veramente un uomo che fece della fede la vita[254] e che fonda tale fede, e di contro tale vita, in un ascolto orante della Parola del Signore; "Nella Bibbia c'è tutto – amava dire – è la carta di navigazione dei singoli e dei popoli; c'è di dove vieni, dove sei e dove vai. Nella Bibbia c'è tutto degli uomini, il bene e il male. E il Signore si serve di tutto e di tutti per il suo disegno. Anche dei non credenti. Basti pen-

---

[251] MANNUCCI V., *Giorgio La Pira e la Bibbia*, in La Pira oggi, 114-115.

[252] Anche qui è necessario rileggere la famosa lettera alle claustrali datata con la festa del Nome di Gesù del 1961 [2 gennaio 1961], dove con uno sguardo a lui caro dalla terrazza, questa volta è quella del Monte Sion, espone diffusamente il movimento della storia incentrato su tre direzioni imprescindibili: l'incarnazione, la pentecoste, il ritorno di Israele, la *plenitudo temporis*, la *plenitudo gentium* e la *plenitudo hebraeorum*. Lettere ai monasteri, 499-505.

[253] BALDI CUCCHIARA S., *Giorgio La Pira e le relazioni ebraico-cristiane*, in La vocazione di Israele, 59.

[254] Una frase di La Pira scrive all'amico Pugliatti, in riferimento alla sua vita di fede: "Cattolico sincerissimo che fa delle fede la vita": Gli anni messinesi, 79; Autobiografico, 15-16.

sare a Ciro re di Persia: Dio lo adoperò per far tornare Israele dalla schiavitù di Babilonia"[255].

Siamo dinanzi di certo non ad un 'sognatore' come veniva etichettato e come molte volte lui stesso con retorica ripeteva – Utopia? Sogni? Fantasia?... no ... continuava – ma ad un uomo che si faceva guidare dalla parola del Signore ed in essa scrutava con la sapienza dei semplici e dei poveri i segni della presenza di Dio nella storia.

"Nella Bibbia c'è tutto, buono e cattivo, tutte le situazioni umane". Ricordava questa sua espressione la Mazzei, ed ancora: "La Bibbia, il libro che contiene la chiave dell'interpretazione storica. Non si capisce nulla senza di esso. Al contrario il libro sacro, in nuce, spiega tutte le situazioni, dà un metodo di azione, rivela soprattutto la partecipazione del Signore a tutte le cose degli uomini"[256].

Un andare con uno sguardo di profonda fede dinanzi alle scritture non per 'usarle', ma per farsi guidare, nella consapevolezza che la Parola del Signore orienta la storia dell'umanità.

Da qui non può che nascere quel motivo dominante che accompagnò sempre la vita del Professore cioè la forza di una fede che ha in Cristo Risorto il motivo, il senso di ogni cosa; sia la vita di ogni giorno che le grandi decisioni della politica mondiale non possono che farci andare alla verità del Cristo Risorto che guida la storia, la dirige, la unifica, la qualifica.

Unità, disarmo, pace, giustizia: questo il 'progetto storico' del Risorto: questo l'impulso e la finalità in certo senso irreversibile ed invincibile che Egli imprime alla storia universale. La storia di Roma è mossa – come quella di Israele – da questo rapporto finalizzatore col Risorto; da questo impulso finalizzatore è stata mossa – nonostante soste, anse, rotture, flussi e riflussi – la storia di questi duemila anni di esperienza storica dell'età cristiana; da questo impulso finalizzatore è mossa in maniera sempre più evidente la storia di questa età apocalittica – atomica, ecologica, spaziale, demografica – del mondo.

Alla unità del mondo, al negoziato globale, alla coesistenza pacifica, al disarmo generale e completo (col mutamento delle armi in aratri), non c'è alternativa (salvo quella della distruzione del pianeta): la profezia di Isaia, che è la profezia stessa del Risorto l'unità della Chiesa

---

[255] Citato da: MUNNUCCI V., *Giorgio La Pira e la Bibbia ...*, o.c., 102.
[256] *Cose viste e ascoltate*, 114.

e del mondo chiesta al Padre nella preghiera finale; l'unità dell'ovile e del pastore indicata profeticamente, per la Chiesa e per i popoli, nel discorso del Buon Pastore; la liberazione da ogni oppressione e da ogni 'alienazione' indicata nel discorso di Nazareth; insomma la fioritura millenaria della famiglia umana e della civiltà umana (Ap 20,1ss) è destinata a diventare la storia sempre più progredente ed accelerata dei popoli di tutta la terra! La 'regalità di Cristo Risorto' appare sempre più, in prospettiva, come la stella polare regolatrice (nonostante tutto) della navigazione di questa età apocalittica della storia! Essa conduce irreversibilmente i popoli verso 'la terra promessa' della grazia, della unità, del disarmo, della giustizia e della pace del mondo[257].

Chiare indicazioni, direi quasi programmatiche, ma per un futuro che riguarda la storia, anzi cenni riflessi di una vita vissuta e di convinzioni certe che guidarono costantemente l'opera di missione e di pace del Professore e che non possono che accogliersi con attenta considerazione per una risposta che ritrovi, nel tempo e nella storia, la presenza misteriosa ma reale del Vivente.

2.4. Portatore di pace sulle orme di Francesco d'Assisi

Il filo conduttore tra i viaggi che La Pira fa in Terra Santa, specie quando va in Egitto, è il viaggio di san Francesco a Damietta; questi difatti è costantemente ricordato dal Professore e sempre con quelle modalità che ne ispirarono, nella sua interpretazione, l'andare; un andare che fu solo e sempre improntato alla pace da annunziare, testimoniare, donare, costruire.

Questo a riprova della sua vocazione francescana di missionario della regalità di Cristo che vive un'esistenza segnata dalla presenza del Poverello di Assisi, che fa di ogni cosa una risposta d'amore al Signore sentendosi chiamato ad essere missionario laico nel mondo; questo a riprova di quel suo sapere andare alla Parola di Dio, che specificava sempre meglio la sua vocazione francescana e missionaria.

La Pira realizzò ciò in ispecie nella politica; una politica che si dipinse necessariamente di carità, anzi da questa viene sostenuta ed animata e proprio per questo molte volte non capita, anzi snobbata; "ai più sfuggiva, sia spiritualmente sia culturalmente, cosa significasse per la fede e per

---

[257] Il fondamento, 309-310. Tratto dal Il Focolare n. 9-10, 2-16 maggio 1976, pp. 1-7.

la speranza di Giorgio La Pira spendere la sua vita, la sua intelligenza, la sua sofferenza, per la realizzazione personale della carità politica guidata dalla contemplazione quotidiana della misteriosa azione del Signore nella storia del nostro tempo"[258].

La strada delle incomprensioni fu una strada con cui La Pira convisse, ma proprio ciò ci fa dire che le sue intuizioni, geniali e 'strane' bisogna saperle leggere nella prospettiva della profezia e della storia della salvezza, che si serve degli uomini per proseguire il suo cammino verso il compimento. Troviamo un ritornello nelle lettere alle claustrali, che sono il suo schietto confidarsi ed appellarsi alla preghiera, a proposito dei convegni per la pace e la civiltà cristiana o di altre manifestazioni, "quante critiche, quanti sarcasmi, quanti insulti"[259]: una consapevolezza che dallo stesso Professore oramai, col passare degli anni, veniva superata con qualche dolce e simpatica battuta.

Vocazione missionaria, vocazione francescana, vocazione a farsi portatore di speranza nel mondo e nel mondo 'diverso', quasi opposto, per cultura, religione, visione della storia; legato a queste costanti è necessario parlare di quel particolare legame, continuo ed efficace, che La Pira ha con il mondo musulmano ed in specie con il Re del Marocco e che, grazie al viaggio che già nel 1957 fa in Africa, è per lui motivo per metterlo "a contatto col cuore stesso della civiltà intiera dell'Islam; - come lui stesso testimonia - che mi ha permesso di scrutare, in certo modo, quell'ultimo segreto e misterioso fondo dell'anima orante dell'Islam, cercatrice ancora in cammino dell'unica spiga che contiene il solo frumento autenticamente divino e dell'unica perla nella quale è racchiusa la sola luce autenticamente divina!"[260].

Legata a questa esperienza ve ne sarà un altra che La Pira ricorderà costantemente ed è quella della visita del secondogenito del Sultano del Marocco che viene accompagnato dal Sindaco di Firenze alla Verna: "Sette secoli dopo la drammatica visita di fede, di amore e di pace fatta da san Francesco al Sultano di Egitto (1219 a Damietta in Egitto)", ed annota col suo solito sguardo lungimirante: "Il Sultano del Marocco, nella persona del suo secondogenito, restituiva tale visita, compiendo un atto

---

[258] PERI V., *I fondamenti teologali della santità dei laici: Giorgio La Pira...*, o.c., 52. Vedi il mio: BADALAMENTI M, *Giorgio La Pira araldo francescano del Gran Re*, in QBB 5 (2007) n. 5, 41-69.

[259] Lettere ai monasteri, 517.518.

[260] Lettere ai monasteri, 297. Datata: *Vigilia degli Angeli custodi (cui succedono le care ricorrenze di santa Teresa del Bambino Gesù, di san Francesco e di san Brunone!) 1957.*

di speranza che Dio non ha mancato di trascrivere con accuratezza nel libro che non si cancella!"[261].

Vi è un legame tutto particolare tra Firenze e la Verna, che La Pira coglie nella sua dimensione che travalica i concreti fatti storici del già passato, per cogliere, per l'oggi, delle risposte nuove e porle come seme di speranza per un futuro da costruire.

> È Fiorentino il monte della Verna (da Eugenio IV posto, appunto sotto la protezione della signoria di Firenze) dove san Francesco, tornato dai colloqui di Egitto col Sultano – in apparenza vani, ma in sostanza quanto efficaci ! – e del viaggio di Terra Santa (cristiani, musulmani, ebrei: ecco di nuovo le tre famiglie abramitiche!) ricevette dal Signore le stigmate (documento e pegno della speranza e della salvezza dei popoli da san Francesco visitati nel suo viaggio di pace) [...]
> Firenze, infine, aveva segnato nel suo 'misterioso registro delle visite', la visita di Maometto V, re del Marocco (1956) e la visita-pellegrinaggio del principe secondogenito del re del Marocco alla Verna, nel luogo stesso della stigmatizzazione di san Francesco (e della festività stessa delle stimmate, cioè il 17 settembre 1957). Registrazioni causali? Visite turistiche? No: registrazioni 'misteriose'; visite 'misteriose' la cui causa ultima risiede nella saggezza infinita e finalizzatrice di Dio: *ou la sagesse est infinie, il ne reste plus de place pour le hasard*, dice Bossuet (Polit. Lib. VII, par. VI: dove la saggezza è infinita, non resta più posto per il caso)[262].

Legame che si esplica in riferimento al suo pellegrinare, se si pensa, come lui stesso scrive a papa Giovanni XXIII: "... alla Verna, perché mai ho intrapreso 'imprese' di questo tipo (Convegno dei Sindaci 1955; Colloqui Mediterraneo 1958; eventi di Suez, viaggio nel Marocco; viaggio in Terra Santa, ect.) senza andare prima alla Verna: la Verna – e San Francesco – l'ho sempre vista come una terrazza di Cristo 'sul mondo di Abramo', sulla triplice famiglia abramitica' dei cristiani, degli ebrei e dei musulmani"[263].

Ma ugualmente, come accennavo, vi è un rapporto del tutto speciale che La Pira evidenzia col Francesco portatore del messaggio di pace al

---

[261] Lettere ai monasteri, 298.

[262] Lettere ai monasteri, 524.525.

[263] Il passaggio della lettera, del primo settembre 1959, è riportato da: MATTEI G., *Quella 'terrazza di Cristo' sul mondo di Abramo e 'pista di lancio' per ogni vera iniziativa di pace*, in OR 144 (2004) (4.novembre.2004) 8.

Sultano; nella vertenza tra arabi e israeliani, parlando in Egitto o a Gerusalemme, ascoltando il Re giordano o ricordando il suo particolare legame con il Marocco, l'episodio dell'incontro tra Francesco ed il Sultano rimane sintomatico per riportare, nell'oggi, quello spirito di necessario dialogo, incontro senza assolutismi e ugualmente senza prepotenze. Pur nella verità di una testimonianza cristiana che sempre lo contraddistinse, specie parlando con coloro che cristiani non erano, giustamente uno dei suoi più vicini amici e che politicamente ebbe tanto sostegno in La Pira stesso, Amintore Fanfani, scrive: "Non cedette mai sulle sue convinzioni, come aveva fatto Francesco quando al Sultano fece chiaramente intendere che la vera pace poteva ottenere abbandonando le credenze musulmane sue per adottare quelle cristiane. Disponibile sempre all'incontro negoziale, con mano sempre il pane per gli affamati, l'olivo per i paurosi, la propria coerenza per i dissidenti. Giorgio La Pira come Francesco è passato segnalando un metodo pratico per acquisire nuovi fautori di pace. Ebbe la certezza che essa in modo totale sarebbe avvenuta, ma in attesa di questo immancabile evento cercò di porre tregua alle contestazioni ed ai conflitti parziali"[264].

Similmente la Mazzei non può che riferirsi a questo episodio attestandone la grande attenzione, che appunto ne ebbe il Professore e ricordandone parole efficaci: "Il Sultano. La storia del Sultano spesso è raccontata come piccolo episodio o sorvolata, non così doveva essere in antico, a giudicare, per es., dall'attenzione e dalla forza con la quale la dipinse Giotto. La Pira la raccontava sempre, la raccontò al Principe del Marocco, oltre che a Maometto V, suo padre, portandolo alla Verna. La guerra, i saraceni Francesco che va disarmato, senza mezzi e dice: 'Signor Sultano, perchè non si converte?' 'Convertirsi è un po' complicato, ma tu mi piaci, hai ragione, il Santo Sepolcro a te, te lo regalo!'. Prendiamo il nostro foglio traslucido e rileggiamo: 'La resurrezione del mondo... il Risorto... Cristo Re... i grandi della terra...'. Niente paura. Siamo tutti uomini uguali... Ci si può sempre parlare... i pellegrinaggi... Israele, Nasser, Ben Bella, El Sadat"[265].

All'amico Henein, scrittore egiziano presente ai Colloqui Mediterranei, La Pira prima di recarsi in uno dei suoi pellegrinaggi in Egitto scrive, a proposito del suo desiderio di vistare Damietta: "Damietta dove S. Francesco nel 1220 portò – nonostante la tempesta delle crociate – un messaggio cristiano di pace

[264] FANFANI A., *Applicazioni lapiriane del metodo francescano*, in La Pira oggi, 349.
[265] MAZZEI F., *Giorgio La Pira: consacrato secolare per 'il mondo laico lontano da Cristo'* ..., o.c., 29.

fraterna per i popoli dell'Islam. Visitare Damietta e, più precisamente, pregare a Damietta: perché l'orazione nostra, unita a quella di S. Francesco, sia come segno e pegno di una pace tanto desiderata da tutti!"[266].

Sempre a proposito di quel viaggio che compirà nel gennaio del 1960, come abbiamo visto, La Pira ha delle parole molto significative in questo rapporto pace-Francesco, preghiera-Stimmate; questa volta scrivendo direttamente al Presidente egiziano Nasser[267]:

> E perché la prima stazione del mio itinerario è Damietta? Perché – parlando di pace nel Mediterraneo (fra le nazioni cristiane e le nazioni dell'Islam) e parlando di pace fra tutti i popoli – non si può iniziare un viaggio di pace che a Damietta: là, ove nel 1219 S. Francesco di Assisi, in piena crociata, ebbe il coraggio eroico – fede eroica! – di farsi portatore di pace e di amicizia presso il Sultano Malikal Kamil.
>
> Quell'avvenimento – lontano sette secoli – torna ad essere ricco di attualità e di speranza: bisogna, per così dire, riprendere il vessillo di pace e di speranza di S. Francesco per farlo risplendere, con nuova luce, tanto fra le nazioni cristiane quanto fra quelle dell'Islam.
>
> Damietta è stazione di pace e di incontro, di amicizia e di comprensione, fra la cristianità e l'Islam: è una speranza, una lampada di speranza, accesa nel Mediterraneo; bisogna lasciarsi guidare dalla luce di amore che da essa si irradia su tutti i popoli del Mediterraneo e del mondo.
>
> Iniziare il mio viaggio egiziano a Damietta, significa dare al viaggio una finalità precisa, un valore ben determinato; farne in certo modo, un segno ed una anticipazione della pace futura!
>
> S. Francesco d'Assisi, dal Cielo, benedirà questo viaggio e lo renderà fruttuoso di pace: di quella pace che egli promosse col suo viaggio ardimentoso e che Dio premiò, con le stigmate di Cristo, sul monte della Verna (sette anni dopo, nel 1226)[268].

Una ricerca della pace che viene vista nel concreto realizzarsi di gesti e di paziente impegno: "È tempo di riancorare la barca alla solida scogliera abramitica per trarre da questo destino comune tutte le implicazioni. Ci vuole una pace negoziata, paziente, fiduciosa. Fare la pace vera in vi-

---

[266] Il lago di Tiberiade, 135. La lettera è datata: *24 dicembre 1959*.
[267] Il lago di Tiberiade, 131-132. La lettera è datata: *24 dicembre 1959*.
[268] Nella stessa missiva La Pira parlerà del 'mistero della Terra Santa' e, cosa significativa, di "uno sfondo francescano di orazione e di pace", mettendolo in relazione alle profezia di pace di Fatima.

sta di una politica comune, di una economia coordinata, di una cultura convergente"[269].

Come possiamo vedere il nesso consequenziale: Damietta, San Francesco, pace, Islam, La Verna, stimmate, si coagula in quell'esperienza di pellegrinaggio e di preghiera a cui esso è accompagnato, che farà di ogni viaggio di La Pira una risposta ai bisogni del momento avendo lo sguardo all'accaduto, anche secoli prima.

Le parole del Professore si fanno eloquenti, precise, geniali ed a volte molto audaci, come quando pellegrino alla Verna per la festa delle stimmate di san Francesco parla, con un vescovo carmelitano, in questo modo[270]:

San Francesco si maturò spiritualmente quando 'vide' i popoli dell'Islam quale termine della sua preghiera e del suo apostolato; quando sperò di andare in Marocco; quando andò (in piena crociata!) in Egitto! Segno e prezzo insieme di quella maturazione furono appunto le stimmate! Il Signore lo maturò sulla croce; fece della Verna una terrazza di redenzione prospiciente sullo spazio religioso di Israele e di Ismaele e sullo spazio religioso del mondo intiero!

Quando i popoli e le nazioni di tutta la terra appaiono nell'orizzonte orante (e di sofferenza) di un'anima, allora veramente l'ora della maturazione spirituale e della piena identificazione con Cristo e con Maria è venuta: *nos autem gloriari oportet de cruce Domini nostri Jesu Christi!* (Gal 6,14).

A questo proposito è interessante ricordare un carteggio tutto francescano nel riferimento appunto a Damietta, a S. Francesco e all'Islam, tra il Professore e Louis Massignon[271]; tra i due infatti vi è una certa intesa di

---

[269] Sono parole di La Pira a Sadat, presidente egiziano, in una lettera datata 4 agosto 1971, riportata da Amintore Fanfani in un suo intervento ad un convegno e che vengono così esplicitati dall'amico: "Sembra – in altro contesto – il linguaggio di San Francesco rivolto al Sultano di Damietta. E cosa singolare avvenne come allora: che il sultano si convertisse dopo la morte di san Francesco, e che Sadat – secondo l'invito di pace scrittogli il 4 agosto 1971 da Giorgio La Pira – andasse a Gerusalemme il 19 novembre 1977, esattamente due settimane dopo la morte di La Pira in Firenze. Il metodo praticato da La Pira: prospettare il negoziato, invitare a farlo, insistere nel proporlo e non aver fretta di vederne l'accoglimento sicuri che esso non mancherebbe di verificarsi. Così avvenne nel Duecento tra il cristiano Francesco ed il musulmano Saladino. Così è avvenuto, davanti ai nostri occhi, nel decennio scorso, tra il cristiano La Pira ed il musulmano Sadat. Con una stessa meta: Gerusalemme!": La Pira oggi, 344.

[270] Lettere ai monasteri, 877.

[271] Carteggio riportato in alcuni stralci inediti da: Un testimone attuale, 62-66.

idee riguardo alla necessità di un rapporto con l'Islam, alla luce dell'esperienza avuta a Damietta da S. Francesco, emerge ancora una volta lo sguardo di fede e di preghiera che deve caratterizzare ogni incontro, anzi la preghiera è vista come "radice, come strumento essenziale per lo sviluppo di un dialogo finalizzato ad un annuncio; Abramo come punto di partenza comune, ma per convergere e far convergere verso Gesù Cristo Redentore dell'uomo" ricorderà il professore che 'il compito dei cristiani è quello di amare e testimoniare l'unico Salvatore: Gesù Cristo[272].

Bisogna pur domandandosi cosa guida in La Pira questa struggente passione che travalica anche le stesse 'confessioni religiose' per porsi alla ricerca di ciò che diviene una base comune che costruisce, nel cuore di ogni uomo e nel suo impegno 'politico', la pace delle 'città'. Non possiamo che riandare alla sua vocazione che è cristiana, che è francescana, che è evangelica, che diviene profetica a servizio della profezia della pace e del bene tra i popoli, che diviene, nell'unica modalità possibile, la risposta da dare al Dio della storia. È questa unica risposta la si ritrova nell'amore, accolto, vissuto, donato, che pone in relazione-comunione la creatura col Creatore.

> Il momento veramente decisivo per la storia di un'anima è quello in cui essa vede chiaramente che l'essenza della vita è l'amore: non l'amore umano ma quello divino. E questo amore è costruttivo; esso si traduce in una interiore universalità che ci fa tutto a tutti e si esterna in opere che consumano fino alla morte. Penso spesso con particolare tenerezza ad una scena che mi pare decisiva nella storia di san Francesco: quella del Crocifisso di San Damiano, testimonio di tanti gemiti e di tante lacrime[273].

Ripeteva citando san Francesco, e ne raccogliamo il senso e la profondità, "Deus meus et omnia: questo 'et omnia' non esclude nulla, ma tutto è assorbito nell'amore di Dio, tirato dentro. Omnia traham ad me ipsum"[274], aprendosi a quella dimensione universale che accomuna i

---

[272] Cfr *Un testimone attuale*, 66.

[273] "Nel 1936 La Pira attribuiva a Vico Necchi questa esperienza spirituale e personale fondante, che egli sentiva come propria e di ogni cristiano chiamato dal Signore alla sua sequela": PERI V., *Giorgio La Pira e le Conferenze vincenziane …* , o.c., 197. Vedi: LA PIRA G., *L'anima di un apostolo. Vita interiore di Ludovico Necchi*. Milano 1988.

[274] *Cose viste e ascoltate*, 128

popoli e fa prendere coscienza, al credente in Cristo della sua altissima missione di guardare ed interpretare la storia con gli occhi dell'amante guidato dall'Amore.

In ultima analisi e raccogliendo una eredita che dice continuità tra medioevo e ventesimo secolo, tra Poverello e Professore, tra umanità e divinità, tra storia ed eternità, alla domanda: "Che cosa fare?", che fu la domanda di sempre di La Pira vogliamo, e certo non per retorica, addurre la risposta che lui stesso scrisse a padre Antonelli – così confidenzialmente lo continuava a chiamare nonostante la porpora cardinalizia – quando ripresentando le crisi di ieri e di oggi – "la crisi della fede, quella della Chiesa e quella della storia" – compendia un'unica risposta: "Fare come San Francesco: avere il coraggio (la fede) di queste scelte!". Un fare che si riferisce appunto alle tre scelte del figlio di Pietro di Bernardone: "La scelta di Assisi (Deus meus et omnia); la scelta di San Damiano (ripara la mia chiesa; il sigillo di Innocenzo III); la scelta di Damietta (la pace e la conversione dell'Islam, cioè il mondo). E il Signore sigillò alla Verna (con le stimmate) le tre scelte di San Francesco"[275].

Siamo in quella armonia che ci può far ripetere che La Pira "è il san Francesco del Novecento"[276], non per retorica ma sulla scia di un'accoglienza del Vangelo che ne specifica mente e cuore, gesti e scelte, pensiero ed azione.

---

[275] LA PIRA G., *Tre scelte di S. Francesco per tre crisi di oggi. Quattro lettere inedite: a padre Ferdinando Antonelli e a Giancarlo Brasca*, in OR 126 (1986) [7.novembre.1986] 4.

[276] Così lo definisce Carmelo Vigna in una intervista quando gli si domandava su La Pira e la sua teoria della pace. Tra l'altro afferma in modo molto oculato: "La Pira si capisce solo se si tiene presente che lui ha in vista il Vangelo e vuole che questo sia il punto di riferimento e l'orientamento di tutti". MALANDRINO L., *Il san Francesco del Novecento. Vigna: il suo convento era la piazza, la città, la nazione e il mondo*, in GRIENTI V., MALANDRINO L., *Profeta di pace tra i figli di Abramo. Diario di un viaggio a cento anni dalla nascita di Giorgio La Pira*. Roma 2005, 39.40.

3. La triplice famiglia abramitica

L'originalità lapiriana sulla famiglia abramitica è, ben si può affermare, quello sguardo profetico che decenni prima comprese la necessità, che è sfida attualissima, di trovare nelle tre religioni monoteistiche quel dialogo necessario per costruire ed annunziare la pace all'umanità; una sfida che diviene molto più esigente nell'oggi dove queste, l'ebraismo, il cristianesimo, l'islam diventano retaggio per fanatismi ciechi che seminano morte e distruzioni in nome dell'insensato riferirsi alla religione stessa[277].

Non si potrebbe comprendere l'arguire del Professore se non in questa valenza profetica e metastorica, che vede il tempo e lo spazio protesi verso l'eterno, con molto acume l'amico Lorenzo Cavini, ricorda le parole, che gli furono illuminanti, di Nicola Lisi, in riferimento al non comprendere a pieno il 'fare' del Professore: "Vedi, lui è un profeta. I profeti non hanno come noi il tempo con il presente e il futuro, hanno la visione di quello che è; l'hanno in modo umano, ma l'hanno attingendo all'eternità, quindi fuori del tempo, e quello che loro vedono come presente è di un domani, forse anche di un domani molto lontano"[278].

Alla luce della ricerca che fin qui abbiamo tracciata, vi è da ricordare che

---

[277] Per capire il pensiero di La Pira sono indispensabili alcuni passaggi decisivi che diventano veri tornanti nel far comprendere quello che gli è accaduto, il perché gli è accaduto e il come gli è accaduto. La figura del Professore è una 'foresta tropicale' – scusate il paragone – da scandagliare e scoprire nella sua immensa e variegata ricchezza, la Bocchini Camaiani nel presentare la sua bibliografia afferma: "L'archivio del La Pira, conservato a Firenze presso l'omonima Fondazione, contiene una mole molto ampia di materiale inedito: carteggi di grande importanza con pontefici, prelati e uomini politici italiani e stranieri; tale documentazione non è stata ancora messa a disposizione in modo sistematico per la consultazione. In preparazione dell'edizione nazionale delle opere del La Pira …". Cosa che ci auguriamo possa un giorno concretarsi, troppa frammentazione, difatti, non può che riscontrarsi nel tentativo di avere una visione per quanto possibile organica. BOCCHINI CAMAIANI B., *La Pira*, in DBI 63, 729. Su queste visioni d'insieme, anche in riferimento al nostro argomento vedi: la lettera a Ben Gurion, primo ministro israeliano, del 10 gennaio 1958: Il lago di Tiberiade, 111-113; l'importante 'opuscolo di quattro circolari – relative al periodo fine giugno 1959, aprile 1960 – inviato alle claustrali: Lettere alle claustrali, 511-544; la lettera alle claustrali dell'Epifania del 1961: Lettere alle claustrali, 564-570; il discorso di Cagliari del 1973 al convegno internazionale sul Mediterraneo: Il sentiero di Isaia, 274-287; la nota introduttiva alla ristampa degli interventi del Professore sulla rivista Principi, datata Natale 1974: Principi, III-XIV.

[278] CAVINI L., *Ricordando La Pira …* , o.c., 33.

vi è un nesso conseguenziale tra queste idee della 'triplice famiglia abramitica' e il suo pellegrinare in Terra Santa, il Balducci ricorda che La Pira stesso "introducendo il terzo colloquio [mediterraneo] nel '61, ricordò che l'dea dei Colloqui si precisò in lui nel Natale del '57, mentre era in pellegrinaggio in Palestina, ad Hebron, presso la tomba del patriarca Abramo, padre della triplice famiglia dei credenti: Israele, la Cristianità, l'Islam"[279].

Sia l'afflato storico, nel senso di poter situare il riferimento ad Abramo nella storia, sia ciò che ne nasce in rapporto a Dio, un Dio che entra nella storia, si rende partecipe, interviene, la guida, diventano opportunità per saper andare oltre alla stessa espressione storica per costruire ed annunziare 'vie' di riconciliazione e di pace, anche nuove ed inattese. Non possiamo dimettere la storia comune, che nell'ottica di Dio non può che essere anche sorte comune, sapendola e dovendola leggere con occhi colmi di fede e di speranza.

"In ragione del ricorso a questa storia comune l'espressione 'religioni abramitiche' stabilisce per prima cosa *una affinità*. Questa affinità ha un lato biologico, per cui i credenti ebrei spesso sottolineano il fatto che Abramo è loro padre per via di suo figlio Isacco, mentre molti musulmani vedono Ibrāhīm come loro progenitore attraverso il suo figlio maggiore Ismaele. Ma allo stesso tempo questa parentela ha anche un aspetto spirituale, che viene particolarmente sottolineato da cristiani e musulmani quando parlano di Abramo come del credente per eccellenza"[280].

Siamo nel cammino, che è il cammino di ieri come anche di oggi, dei popoli a porsi in atteggiamento di profondo discernimento nell'interrogarsi sulle sorti della storia, dei popoli, della nazioni; sorti che passano attraverso il concorso delle decisioni politiche, del compromesso negoziale, del bisogno di concessioni ed adesioni; ma ugualmente storia che ha bisogno di un surplus di spiritualità, di fede, di sguardo orante, di consapevolezza dell'operare di Dio nella storia stessa, che renda capaci, tenacemente ed irrimediabilmente, di trovare soluzioni, vie, percorsi comuni e costruttivi per la pace e nella pace.

Firenze nell'iniziativa del Professore si pose come crocevia di reali incontri impossibili, molte volte in quel tempo, che diedero vita ad una

---

[279] BALDUCCI E., *Giorgio La Pira*. Firenze 2004, 81. Vedi il discorso di apertura al terzo colloquio mediterraneo del 1961: Il lago di Tiberiade, 148-158.

[280] VALKENBERG P., *Il concetto di 'religioni abramitiche' ha un futuro?*, in Conc 41 (2005) n. 5, 126-127. E continua: "È il richiamarsi alla fede di Abramo che, dal mio punto di vista, è determinane nell'uso del suo nome nel dialogo moderno tra cristiani e musulmani".

fucina di gesti concreti per la pace. "Vedi – scrive in un biglietto vergato a matita a Giulio Andreotti durante un incontro a Palazzo Vecchio nell'aprile del 1962 – a Firenze si possono fare e dire le cose più ardite inquadrate esplicitamente nella visione cristiana della storia; e ciò con estrema logicità e chiarezza, come laboratorio e sperimentazione"[281].

3.1. Il metodo evangelico che si ripete nella storia

Pasqua e natale, Pozzallo e Firenze, calvario e mangiatoia, Gesù e San Francesco, la Verna e Greccio, la Porziuncola e Nazaret, Roma e Gerusalemme, oriente ed occidente, Damietta e Assisi. Sembrano soltanto riferimenti ad episodi o nomi di località, eppure nella logica profetica di La Pira non solo bisogna porli insieme ma bisogna, cosa ardua ma necessaria, coglierne il filo rosso che li anima e li dipana nel corso della sua esperienza terrena e in una prospettiva che va verso il compimento della storia.

Ricordiamo che La Pira, come francescano figlio della Regalità di Cristo, formato alla scuola del padre Gemelli, coglie nei segni della regalità, tanto patrocinata da Papa Pio XI e da lui notevolmente accolta e sviluppata, quel senso del compimento che pone la storia, e con essa i fatti che nella storia si adempiono, in una prospettiva che vedrà la regalità di Cristo trionfare e il compimento di ogni cosa in Cristo scorgersi nei risvolti di un tempo che va verso il compimento.

La regalità di Cristo fu dunque in La Pira vocazione e necessità di annunzio che ne orientava anche i passi, che ai più potevano sembrare sconnessi, ma che invece si reggevano su una logica ferrea, nella fede ricevuta e vissuta, che lo facevano andare avanti, sempre e nonostante tutto.

Non per nulla nelle parole, sempre da tener in grande considerazione, della Mazzei, viene ribadita questa visione che fu vocazione, la quale ricordando appunto il pontificato di Pio XI, che fu centrato sulla regalità di Cristo[282] ribadisce che "questa è la vocazione di La Pira: costruire una

---

[281] MATTEI G., *Andreotti racconta La Pira. 'Mi viene facile pregare Giorgio il santo'*, in OR 147 (2007) [6.dicembre.2007] 4. Vedi: BIGI R., *Il sindaco santo. La vita, il pensiero, i segreti di Giorgio La Pira*. Cinisello Balsamo (Mi) 2004, 87-97. 109-119, CERRUTO S., *La spiritualità di Giorgio La Pira alla luce dei misteri di Cristo*. Ragusa 2005, 327-343.

[282] "La sua prima enciclica *Ubi arcano Dei consilio*, del 23 dicembre 1922, manifestò il programma del suo pontificato, peraltro ben riassunto nel suo motto *"pax Christi in regno Christi"*, la pace di Cristo nel Regno di Cristo. Detto altrimenti, a fronte della tendenza a ridurre la fede a questione privata, Papa Pio XI pensava invece che i cattolici dovessero operare per creare una società totalmente cristiana, nella quale Cristo regnasse su ogni aspetto della vita. Egli intendeva dunque costruire una nuova cristianità che, rinunciando

civiltà che si delinei secondo il disegno che Cristo ha avuto su di lei, disegno di unità, di giustizia, di pace; come Egli nel Suo sguardo creatore e salvatore l'ha amata e pensata, come dall'alto della croce l'ha guardata, come salendo in cielo dopo la sua risurrezione se l'è portata con sé negli occhi. Addirittura nel centro della vita trinitaria ci siamo tutti – 'perché dove sarò io siate anche voi' – e ci sono, di conseguenza, le cose e la terra. *'Et erud coeli novi et terra nova'*"[283].

Lo sguardo a Cristo Re dell'universo accompagnerà per tutta la vita, come si diceva anche alla luce della sua formazione e della sua vocazione direi strutturale, l'esistenza del Professore; in esso si coniuga l'interesse per il celeste e l'impegno per il terrestre, che nell'umile sguardo francescano del suo fare diverrà chiara testimonianza di pace e di dialogo fattivo ancorato unicamente a Dio, alla sua volontà, alla sua opera che si adempie.

Sempre la Mazzei, con puntualità, ne ricorda espressioni chiare e forti: "San Francesco... 'Cosa chiedi, il perdono (il disarmo, la pace, la grazia) e c'è in quest'ultima preghiera, in qualche modo, anche il mistero delle stigmate, il bollo di Cristo'.... 'Deus meus et omnia.' È il tutto che sceglie san Francesco; c'è anche tanta ascetica in quel 'et omnia' di cui parla S. Francesco, tanto distacco interiore, ma anche e soprattutto l'intera restaurazione del creato, la guarigione in radice dovuta alla grazia integrale, originaria... arricchita da tutta la portata dell'incarnazione di Cristo"[284].

Scrivendo all'amico Franceschini: "Noi siamo soltanto – ed in tutte le situazioni ed in tutti gli eventi – (e senza retorica) gli 'araldi del gran Re!' Cioè uomini che – malgrado il nostro radicale (*servi inutiles!*) – sono impegnati in un messaggio essenziale alla storia della Chiesa e dei popoli: il messaggio della Regalità di Cristo sulle nazioni (*Rex Regum*): siamo perciò, soltanto figli della Chiesa e servitori (anche se inutili) di essa"[285].

Siamo in quella sintonia tra storia e chiesa che fa di La Pira un France-

---

alle forme istituzionali dell' *Ancien Régime*, si sforzasse di muoversi nel seno della società contemporanea. Nuova cristianità che soltanto la Chiesa cattolica costituita da Dio e interprete delle verità rivelate era in grado di promuovere. Questo programma fu completato dalle encicliche, *Quas primas* (11 dicembre 1925), con la quale fu pure instituita la festa del Cristo Re e *Miserentissimus Redemptor* (8 maggio 1928), sul culto del Sacro Cuore": in http://it.wikipedia.org/wiki/Papa_Pio_XI. Su papa Ratti vedi: DELL'ORTO U., *Pio XI un papa interessante*. Cinisello Balsamo (Mi) 2008.

[283] *Cose viste ed ascoltate*, 13. Vedi le pagine di: NISTRI S., *La spiritualità del giovane La Pira*, in POSSENTI V. (a cura di), *Nostalgia dell'alto. La spiritualità di Giorgio La Pira*. Milano-Genova 2005, 53-57; PERI V., *La Pira Lazzati Dossetti. Nel silenzio la speranza*. Roma 1998, 13-23.

[284] MAZZEI F., *Giorgio La Pira: consacrato secolare per 'il mondo laico lontano da Cristo'*..., o.c., 29.

[285] *Carteggio G. La Pira – E. Franceschini (1939-1977)*..., o.c., in QBB 6 (2007) n. 7, 83-84.

sco di Assisi dei nostri giorni[286]; siamo in quella sintonia tra l'opera dello Spirito del Risorto ed il cuore dell'uomo, che fa di La Pira un cristiano, un francescano, che si pone sulla stessa scia evangelica del Poverello di Assisi e ne diviene fedele interprete per il 'suo' tempo in cui visse.

"Francesco d'Assisi e Giorgio La Pira in tempi e condizioni diversissime, attuarono la via della salvezza seguendo e la risposta che Gesù diede al giovane: 'Se vuoi essere perfetto, va', vendi quello che possiedi, dallo ai poveri e avrai un tesoro nel cielo' (Mt 19,21) e il successivo appello alla sequela: 'Chiunque avrà lasciato case, o fratelli, o sorelle, o padre, o madre, o figli, o campi per il mio nome, riceverà cento volte tanto e avrà in eredità la vita eterna' (Mt 19,29)"[287].

Ma sulla scia di una risposta che possiamo ben definire vocazionale il Professore attua anche una responso che si pone nella missione che lo Spirito gli suggerì e che, come per Francesco d'Assisi, diviene foriera di novità che aprono nuove brecce per il percorso della chiesa, delle nazioni, della storia intera. "La missionarietà lapiriana si modellava sull'esempio del Santo d'Assisi, la cui presenza tra i saraceni ebbe il significato di superare barriere politiche e religiose per l'instaurazione di una convivenza amichevole riconoscendosi fratelli perchè figli di un comune Dio. E osservò anche, attuandola ai tempi suoi, la consegna fatta da Francesco ai suoi frati quando si recavano presso gli infedeli; essere prima esempio di fraternità testimoniale e dopo proclamatori del Verbo"[288].

Egli stesso scriverà, in una lettera di risposta a 'chiarimenti' sul suo modo di dire e scrivere, a Mons Dell'Acqua, sostituto della Segreteria di Stato, datata 19 gennaio 1961, richiamando nella missione di Francesco, che continua oggi tramite la 'nostra missione' quella responsabilità per far ritrovare possibili strade ambigue: "Il Corano – tutto l'Islam – ha un punto massimo di debolezza: l'assenza della Croce: ebbene proprio in relazione a questo vuoto tanto essenziale e grave, noi abbiamo richiamato nel discorso il dono delle stimmate fatte dal Crocifisso a San Francesco alla Verna, dopo la missione di pace e di fede presso il Sultano"[289].

In La Pira cogliamo una vocazione francescana che si attua nell'oggi,

---

[286] Per questa mia sottolineatura vedi: BADALAMENTI M., *Giorgio La Pira araldo francescano del Gran Re*, in QBB 5 (2002) n. 5, 53-61.

[287] CARNEMOLLA P. A., *Giorgio La Pira missionario francescano della Regalità di Cristo*, in QBB 2-3 (2003-2004) nn. 2-3, 15.

[288] Idem, 16-17.

[289] Citato da: Un testimone attuale, 79.

"sempre più approfondita, affinata, direi intuita fino in fondo, sempre con uno sguardo universale"[290], proprio per questo il nesso, francescanesimo vocazione di pace, si pone in modo indelebile nel suo cuore ma specie nella sua opera di pace; come ricordavamo il riferimento costante al Francesco che dialoga col Sultano diviene, possiamo ben dirlo, per il Professore un esempio da seguire, ma non come un pedissequo ripetere avvenimenti del passato con i medesimi sentimenti ed augurandosi di avere gli stessi positivi risvolti, bensì nella forza dello stesso Spirito del Risorto, che guida la storia di quei tempi come dei nostri, un impegno, costante e 'organizzato' al fine di costruire la pace tra i popoli con quell'impegno di positiva accoglienza che non può che venire da Dio.

"S. Francesco, ricorderà di Lui la Mazzei, chiese il perdono per tutti, quel perdono che fa nascere la pace, la salvezza della terra, la crescita della civiltà: un perdono universale, la grazia per questa amata terra; pace e bene!"[291].

Giorgio La Pira, affermerà un suo amico di sempre, "come pochi imitò Francesco d'Assisi per il filiale amore verso il Creatore, per la sincera fraternità verso tutte le cose create, per il generoso abbraccio verso tutti gli uomini, per il godimento delle tribolazioni nella perfetta letizia, per lo spirito di pace"[292].

Il rapporto Francesco d'Assisi missione di pace si coglie, poi, iscritto come indelebile sigillo nei suoi viaggi in Medio Oriente, specie quando va in Egitto, ricordando sempre la presenza a Damietta del Poverello che andò incontro all'Islam. In una importante lettera che scrive al presidente egiziano Nasser, nel dicembre del 1959 alla vigilia del suo andare in Egitto, lo ricorda con espressioni chiare, che ne delineano il palpito di un cuore che crede, spera ed ama, come già precedentemente abbiamo citato, ma quello che si coglie ancora meglio è il risultato in "questo sfondo francescano di orazione e di pace" – scrive il Professore – del suo collegarsi alla Terra Santa come luogo indispensabile su cui concentrare l'attenzione del mondo.

Quasi annunciatore di nuovi oracoli La Pira ricorda, e lo ricorda scrivendo a Nasser, il "mistero della Terra Santa": "Questa Terra Santa è terra di elezione: è, anche geograficamente, oltre che storicamente e misticamente, il centro di tutto il pianeta"[293].

E con lucidità disarmante La Pira espone, se così potrei dire, il suo piano,

---

[290] Cose viste ed ascoltate, 128

[291] Idem, 128

[292] FANFANI A., *Applicazioni lapiriane del metodo francescano*, in La Pira oggi, 349.

[293] Il lago di Tiberiade, 132.

che è un piano di pace, un piano che offre risposte, oggi, nell'oggi, in questo oggi, che diventano necessario impegno, impellente, di gesti di coraggio e di audacia politica certo, ma che si pongono nella logica mistica. Sempre nella stessa lettera difatti si riferisce a questa 'logica' coniugando una mistica che perché e tale "appartiene anche alla più autentica tecnica politica".

Dicevo del suo piano di pace, in un passaggio del discorso di apertura del primo colloquio mediterraneo, nell'ottobre del 1958, La Pira, tra le altre cose, afferma a proposito della vocazione dei popoli del Mediterraneo, che si pone a servizio dell'umanità, una risposta che richiede un'unica parola da dire, da dare, da attuare: pace!

> La pace, l'amicizia, la solidarietà reciproche fra questi popoli e queste nazioni. La pace, l'amicizia e la solidarietà fra Israele e Ismaele; la pace, l'amicizia e la solidarietà fra i popoli prima colonizzati e quelli prima colonizzatori; la pace, l'amicizia e la solidarietà fra tutte le nazioni cristiane, arabe e la nazione di Israele.
>
> Questa pace del Mediterraneo sarà inoltre come l'inizio ed il fondamento della pace fra tutte le nazioni del mondo. Quando questa pace del Mediterraneo sarà fatta e quando sarà fatta la pace fra tutte le nazioni, allora noi potremo ricordarci con gioia i divini messaggi di pace annunciata dagli angeli a Betlemme; la pace annunziata da Cristo il giorno della sua resurrezione; la pace che è il contrassegno centrale dell'Islam; e la visione del profeta Isaia: 'Egli eserciterà la sua autorità sulle nazioni e sarà arbitro fra popoli numerosi; muteranno le loro spade in zappe e le loro lance in falci; una nazione non alzerà la spada contro un'altra e non praticheranno più la guerra'[294].

Non siamo nella logica delle utopie inrealizzabili, delle affermazioni di rito e di entusiastico dire bensì ci troviamo in una analisi acuta della storia accolta nella logica della fede e della speranza che deputano l'uomo, l'uomo contemporaneo, a delle risposte fattive per costruire la storia di oggi e di domani. Una chiarezza che da decenni rimbalza sui tavoli di popoli in conflitto ed incapaci di guardare oltre i propri interessi; incapaci di scorgere, nella fede che si professa nell'unico Dio, quei risvolti di oculata lettura delle reali possibilità che soltanto la forza della profezia ci ricorda; ma che ugualmente la forza di una sana e salutare politica dovrebbe scorgere, come unica risposta di fronte ai mille dilemmi che possono riporsi dinanzi come naturali ostacoli all'impegno della pace.

---

[294] Il Lago di Tiberiade, 126.

3.2. Una intuizione che diviene strategia e profezia

Il porre continuamente in relazione la famiglia abramitica con la profezia di una pace universale che ha specie in Isaia il suo punto forza, diviene nel Professore un ritornello che si ripete e che guarda specie ad Israele come al luogo di un compimento che si attende. Direi che anche questo attesta nel suo pellegrinare in Terra Santa, nel suo seminare colloqui, incontri, negoziati di pace una evidenza chiara e forte.

> La storia della Chiesa e del mondo – scrive a proposito dell'Anno Santo del 1975 – è 'guidata', ha una 'direzione' è 'polarizzata da un 'punto omega' (Cristo Risorto e la sua Regalità terrestre) che la finalizza: ispirandole una 'tendenza' invincibile ed irreversibile (Israele deve venire, nonostante tutto, sino alla Terra promessa) verso 'l'età messianica', verso 'l'età escatologica', verso la 'regalità di Cristo. La storia universale, cioè sotto l'influsso soprannaturale irresistibile dello Spirito Santo, tende, nonostante tutto, all'unità, alla pace, al disarmo; alla giustizia ed all'illuminazione dei popoli di tutta la terra ('venga il tuo regno come in cielo così in terra').
> Il profeta Isaia traccia lucidamente il quadro e le linee essenziali di questa teologia e teologia della storia; di questa 'età d'oro' – di unità, pace, disarmo, giustizia e di illuminazione del mondo – verso cui, nonostante tutto, è irreversibilmente avviata anche in questa età nucleare la storia totale del mondo (salvo la distruzione cosmica)[295].

Siamo dinanzi ad una vocazione da parte di Israele che va verso il compimento delle profezie e che si concretizzerà nella visione messianica, di accoglienza e di instaurazione universale, della pace e della comunione tra i popoli. Questo fa scorgere il 'ritorno' del popolo di Israele nella terra dei loro padri come quel provvidenziale adempimento che, tramite i risvolti della storia, si pone su questo cammino e che dunque deve essere, anche dall'altra parte, cioè da parte araba e palestinese, accettato e visto nella radice univoca di ogni vocazione delle religioni monoteistiche – ebraismo, cristianesimo, islam – che è Abramo, ceppo comune, il padre comune, la fonte comune.

A questo riguardo è d'obbligo riferirci a tutto un cammino, che potremmo ben chiamare teologico che compie il Professore in riferimento ad Isra-

---

[295] LA PIRA G., *La riconciliazione via della pace*, in COMUNITA' DI SAN LEONINO (a cura di), *Il sogno profetico del Giubileo. Testi e riflessioni per gli anni Santi 1925,1950, 1975*. Firenze 2001, 108.

ele, al suo essere popolo di elezione, al suo ritrovarsi – oggi – nuovamente in quella 'terra data ai nostri padri' e che viene di certo visto come momento di compimento di tutta una storia che si evolve: un prima, che chiama a scrivere un dopo di futuro; dopo questo evento, storico, politico, religioso.

In questo La Pira è veramente e particolarmente profeta accogliendo i sussulti di tutta una riflessione di audaci studiosi, sia in campo cristiano che ebraico, che si pongono in un rapporto con le scritture, con l'antico testamento, in uno sguardo che sappia scrutare, in esse, quel 'posto' che ha Israele anche nell'oggi della storia; e cioè in rapporto al cristianesimo e dunque in rapporto alla comunità cristiana, alla chiesa.

Uomini come Jules Isaac, Salvatore Jona, Martin Buber, studiosi come Chrarles Journet, Jean Toulat ed ancora Jeacques Maritain, Divo Barsotti, André Chouraqui, Jean Daniélou, Giovanni Caprile sono stati, avendo tra loro rapporti anche di amicizia, vicinanza ed interesse, dei veri punti di riferimento per le argomentazione del Professore, che comunque rimangono e furono del tutto originali ed audaci, andando anche contro un modo di pensare ben diverso, che era presente in ambiti ecclesiastici, specie della Curia romana. Un cammino, un travaglio, intuizioni e conferme che, e bisogna anche dire grazie all'impegno di La Pira, poterono coagularsi nel non facile esito della dichiarazione *Nostra Aetate* del Concilio Vaticano II, dove troviamo scritto in particolare modo in riferimento alla spinosa questione dell'accusa di deicidio che innegabilmente ha alimentato l'antisemitismo:

"Se le autorità ebraiche con i propri seguaci si sono adoperate per la morte di Cristo, tuttavia quanto è stato commesso durante la sua passione non può essere imputato né indistintamente a tutti gli ebrei allora viventi né agli ebrei del nostro tempo. E se è vero che la chiesa è il nuovo popolo di Dio, gli ebrei tuttavia non devono essere presentati né come rigettati da Dio, né come maledetti, come se ciò scaturisse dalla sacra scrittura. Perciò tutti nella catechesi e nella predicazione della parola di Dio facciamo attenzione a non insegnare alcunché che non sia conforme alla verità del vangelo e dello spirito di Cristo. La chiesa inoltre, che esecra tutte le persecuzioni contro qualsiasi uomo, memore del patrimonio che essa ha in comune con gli ebrei e spinta non da motivi politici ma da religiosa carità evangelica, deplora gli odi, le persecuzioni e tutte le manifestazioni dell'antisemitismo dirette contro gli ebrei in ogni tempo e da chiunque"[296].

---

[296] *Nostra aetate* n. 4, in EV 1/866-867. Vedi: Pesce M., *Il Cristianesimo e la sua radice*

Con quanto acume bisogna allora rileggere le parole del Professore nella lettera-presentazione ad un libro che provò tanto motivo di scalpore e di riflessione su questo rapporto tra ebraismo e cristianesimo scritto da Salvatore Jona[297]:

> Epoca – la nostra – di grandi riflessioni su tutti i temi essenziali della storia delle nazioni: epoca – la nostra – delle grandi convergenze, della ricerca dei grandi motivi di unificazione fra tutti i popoli e tutte le nazioni del mondo: epoca in certo qual modo 'messianica', la nostra! Ebbene, mi dica: quale, in questa nuova epoca del mondo, il senso storico ultimo del ritorno di Israele e della sua inserzione quale membro essenziale del nuovo corpo delle nazioni? Quale? Permetta che io Le apra il cuore su questa domanda così essenziale per la storia totale degli uomini! Quale? La risposta è (ci pare) evidente: - ri-sollevare al cospetto dei popoli di tutta la terra il divino messaggio della Rivelazione Antica e porre di nuovo, al centro stesso della nuova epoca storica (quasi elemento definitorio di essa), il problema fondamentale del mondo: - 'Chi dicono gli uomini che io sia?' (Mt 16,13.14). Il problema cioè della 'continuità interna' fra la Rivelazione antica e la Rivelazione nuova e, perciò, della unità indissociabile dei due testamenti che il Signore ha consegnato all'Israele antico e nuovo per dare una finalità ultima alla storia degli uomini e per la illuminazione e la salvezza dei popoli. Ecco, caro amico, come noi vediamo il senso storico ultimo, divino, del ritorno di Israele: come noi lo colloquiamo nel contesto di questa millenaria, 'messianica', epoca del mondo. Epoca che noi non temiamo di definire, in certo modo, come l'epoca della 'divina domanda' che condiziona (come S. Paolo vide) il movimento totale della storia del mondo.

Se la logica della 'comune radice' che ha in Abramo il referente complessivo delle risposte storiche e religiose, che si esplicitano nell'ebrai-

---

ebraica. Bologna 1994. A questo proposito è indispensabile leggere l'interessante e documentato intervento di: MARTINI L., *Premesse teologiche a una politica. Giorgio La Pira, il destino di Israele e la 'geografia della grazia'*, in La vocazione di Israele, 105-143. Vedi anche: Id., *Cristiani ed ebrei in dialogo a Firenze nel '900*, in L'identità religiosa di Firenze nel Novecento. Memoria e dialogo. Firenze 2002, 75-77; DALLA TORRE G., *Dall'impegno contro l'antisemitismo alla Conferenza di Helsinki: Giorgio La Pira e il futuro della libertà religiosa europea*, in CONTICELLI G. (a cura di), PÖTTERING H.-G. (prefazione di), *"Popoli, nazioni, città d'Europa". Giorgio La Pira e il futuro europeo*. Firenze 2008, 215-236.
[297] JONA S., LA PIRA G. (lettera all'autore), *Gli Ebrei non hanno ucciso Gesù (Il deicidio)*. Firenze, 1963, 7-8.

smo, nel cristianesimo e nell'islam vede La Pira in rapporto del tutto particolare con il mondo ebraico – rapporto teologicamente fondato, politicamente impegnato, amicalmente coltivato – lo stesso deve dirsi, nell'impegno costante del Professore, in rapporto al mondo dell'islam. Ed è proprio qui che si evince quel diretto rapporto tra mondo islamico e san Francesco, già più volte evidenziato. In ciò non possiamo che scorgere, con particolare partecipazione di interessi e di cordialità, il rapporto che La Pira istaurò con il Marocco e il suo re – Maometto V – che diventa rivelatore di una visione che annunziava un tale incontro come improcrastinabile da attuare con l'impegno degli uomini e degli uomini di buona volontà.

Afferma il Professore già nel lontano 1957, quando ebbe la gioia di accogliere il sovrano del neonato neodipendente stato del Marocco a Firenze, nel suo discorso di benvenuto:

"È questa, Maestà, la nostra più alta speranza; per questo preghiamo e lavoriamo con amore: perché tutta la grande famiglia dei popoli sia di nuovo riunita sotto la luce e l'amore del comune Padre celeste e proceda, così unita, verso livelli più alti di civiltà, di prosperità e di pace". E continua riferendosi a San Francesco dicendo: il "santo che ebbe costantemente nel cuore un amore infinito pel vostro popolo fino ad intraprendere un ardimentoso viaggio"[298].

Il rapporto diviene reciproco nella comprensione e nell'impegno se, in piena sintonia, accompagnando il principe ereditario del Marocco, Moulaj Abdallah secondogenito di Maometto V, alla Verna per la festa delle stimmate, il 17 settembre 1957, "il principe scrisse in arabo nel 'registro dei visitatori': 'Noi siamo felicisissimi di fare visita a questo Santuario in occasione di questa memorabile commemorazione'[299], e affermò che cristianesimo e islam devono procedere insieme nella pace e nell'amore per il bene dell'umanità".

---

[298] Il lago di Tiberiade, 42. L'intervento è del 27 gennaio 1957, al ritorno in patria il sovrano si premura di rispondere al Sindaco di Firenze e, in una lettera datata 29 gennaio 1957, tra l'altro afferma (43): "Firenze occupa non solamente un posto scelto nella storia di Italia ma è stata un trait d'union fra la civiltà araba e la civiltà occidentale ... Eredi di un comune patrimonio, i popoli, per la loro salvaguardia e la loro crescita, devono cooperare e stringere fra loro rapporti di solidarietà e di fraternità, al fine di arricchire questo patrimonio e di proiettarsi verso le generazioni future. Il Marocco nuovo è deciso, per parte sua, a portare il suo contributo alla costruzione di un mondo migliore, fondato sulla pace, la libertà, la giustizia e sulla difesa della persona umana. Intende stringere rapporti di amicizia con tutti i popoli che sono guidati dagli stessi ideali".

[299] MATTEI G., *Quella 'terrazza di Cristo' sul mondo di Abramo e 'pista di lancio' per ogni vera iniziativa di pace ...*, o.c., 8.

Si pone in questo rapporto tra vocazione alla pace e sguardo di comunione dei popoli della comune radice di Abramo il reiterato impegno di La Pira 'verso' – e a tutti i livelli – la volontà di incontrarsi, di dialogare, di conoscersi. Non si possono che porre in questa progettualità, che come abbiamo già detto è di Dio e che La Pira accoglie ed attua, i viaggi in Terra Santa del Professore, che visita proprio quei luoghi avendo dinanzi nella geografia la forza di una profezia che si attua.

"La Pira si presenta come messaggero di pace, dedicherà un'attenzione particolare alla visita dei luoghi sacri delle tre grandi religioni abramitiche: da Hebron a Gerusalemme, dal Cairo a Nazareth, da Damietta a Betlemme, da Fez al monte Carmelo, dal Sinai al lago di Tiberiade, La Pira intende creare 'un tessuto di ponti nell'interno della Cristianità (Mediterraneo specialmente), nell'interno dello spazio di Abramo… destinato a sostenere tutto l'edificio delle nazioni… Perché la civiltà autentica sorge da radici mistiche. Queste radici del Dio di Abramo, Isacco, Giacobbe germineranno presso altri popoli ed altre nazioni'"[300].

Il Professore non ha certo reticenze nell'indirizzare, specie ai capi di stato con cui è in contatto e che visita, il suo progetto arduo e avveniristico ma tanto concreto perché fondato sulla fede in quel Dio della storia che la stessa storia guida e conduce. Scrivendo al Re di Giordania afferma:

"Maestà se leggo la sacra Scrittura e se leggo il Corano vedo chiaramente che questa è la volontà del Signore: che i popoli e le nazioni del Mediterraneo – cristiani, musulmani ed ebrei – riaccendano insieme la lampada divina e la elevino insieme perché faccia luce e porti consolazione, fraternità, pace e bellezza su tutto lo spazio della terra"[301].

Ma questo progetto non si può mai comprendere se non agli occhi della fede, di quella fede che guidò lo stesso Papa Paolo VI a farsi pellegrino in Terra Santa; La Pira scorge, con disarmante chiarezza, in quel viaggio, quasi la conferma non solo di quella che potrebbe chiamarsi sua linea di azione, bensì del 'filo rosso' biblico e teologico che guida i suoi passi, come guidò i passi dell'amato ed amico Pontefice. Ed ecco che in una lunga e significativa lettera alle claustrali scrive[302]:

È un caso questo pellegrinaggio di Pietro (dopo 2000 anni) inserito nel contesto vivo (anche se drammatico) di Israele e di Ismaele?

---

[300] Espressioni del Professore riportate da: Un testimone attuale, 51.
[301] Il lago di Tiberiade, 114. La lettera è datata: 20 febbraio 1958.
[302] Lettera alle claustrali, 960-963. Qui: 961. Lettera datata: Madonna di Lourdes 1964 [11 febbraio].

O non è, invece, il 'segno' precorritore di quella *plenitudo judeorum* e *plenitudo gentium* (ripensi di nuovo al viaggio di Ciu en Lai!) verso la quale corre (come san Paolo dice, Rm 11) la storia della Chiesa e del mondo?

Madre Rev.da, ci illudiamo? Eppure la cosa ci pare tanto evidente!

Perché Israele è di nuovo in Terra Santa? È evidente: - per porre a se stesso (2000 anni dopo) e porre perciò ai popoli di tutta la terra (ai gentili) la domanda di Cristo: *Chi dicono gli uomini che io sia?* (Mt 16,13).

Possono le generazioni nuove di Israele sfuggire a questa domanda? No!

Possono le generazioni nuove di Ismaele (tutto l'Islam) sfuggire a questa domanda? No!

Possono le generazioni nuove di tutti i popoli (marxisti compresi) sfuggire a questa domanda? No!

È la domanda che 'domina' l'epoca spaziale: nessuno potrà più sfuggire ad essa!

Io sono la luce del mondo (Gv 8,12).

Madre Rev.da, mi pare tanto chiaro! Pietro in Terra Santa; Israele in Terra Santa; Ismaele in Terra Santa; e nel mare della Terra Santa – nel lago di Gerusalemme – si trova pure (coincidenza strana e non prevedibile davvero) il rappresentante del popolo più numeroso dei gentili (quello cinese)!

Dove sono i corpi ivi saranno le aquile (Mt 24,28).

Siamo sempre al solito argomento: - supponiamo che Cristo sia risorto (ed è risorto!) e che, perciò, egli è il finalizzatore della storia del mondo: questi fatti di Terra Santa avvenuti nell'Epifania 1964 non devono necessariamente essere rapportati a lui ed alla regalità terrestre, sulle nazioni, di lui?

Surge illuminare Jerusalem… leva in circuitu oculos tuos et vide: omenes isti congregati sunt (Is 10,1.4).

La nave di Pietro è ripartita davvero di nuovo da Gerusalemme verso il porto paolino ormai ben precisato della *pienezza dei giudei* e della *pienezza dei gentili*: per imbarcare, nel corso millenario del suo viaggio, Israele (Ismaele) e le genti!

Non possiamo che costatare l'ardimento e allo stesso tempo la forza di queste espressioni, con altrettanto acume ricorda al suo amico e compagno di cammino nell'Istituto della Regalità, Ezio Franceschini: "La terrazza sulla quale siamo posti – quella di Cristo Re – ha come prospettiva il corso totale dei secoli e lo spazio totale dei popoli ('…tutte le genti'): è la prospettiva storica del *Rex Regum*! Quindi, bisogna osare con ordinamento e con speranza paolina: siamo nulla e possiamo tutto: *nihil habentes et omnia possidentes*!"[303]

3.3. La speranza nella fede costruisce la pace dei popoli

È in La Pira una costante tutta da approfondire, quella della 'terrazza' che non può che coniugarsi con la fede e la speranza del Professore; nel nostro caso, unico fine di questo cammino non può che farci scorgere la pace come sguardo che 'dall'alto' – fisicamente e misticamente – si coglie nel pensiero di Giorgio La Pira.

Vi è di certo un riflesso esistenziale sul richiamo della 'terrazza', che permette di vedere, con uno sguardo attento, ciò che molte volte è impensato; un 'linguaggio spirituale' che se ha bisogno di ermeneutica, ugualmente ci fa cogliere l'originalità del personaggio. "Sulla terra, il cielo si contempla dalle terrazze, viste come condizioni e situazioni di vita per tutti inevitabili, che spingono quasi necessariamente alla contemplazione. E la contemplazione fa parte integrante della vita di tutti"[304].

Scrive, La Pira, al Re di Giordania sul vitale ruolo che egli può avere nel rapporto con Israele, esprimendo un pensiero, la lettera è datata 30 giugno 1957, che è attualissimo ed ancora irrisolto[305]:

---

[303] *Carteggio G. La Pira – E. Franceschini (1939-1977)…*, o.c., in QBB 6 (2007) n. 7, 84.

[304] PERI V., *Giorgio La Pira e le Conferenze vincenziane…*, o.c., 195. Il Peri che ben conosce Pozzallo, luogo natio del Professore afferma: "Agli inizi del secolo scorso (ma alcuna ancora ve n'è oggi), le case più antiche e povere di Pozzallo, di due soli locali sovrapposti e strette le une contro le altre, erano per la maggior parte senza finestre: davanti ad ognuno di esse v'è però un terrazzino aperto sulla strada e sopra tutte il tetto piatto si usava abitualmente come terrazzo. Del resto lo stesso abitato è sorto ai piedi di una serie di terrazzamenti naturali digradanti dalle colline verso il mare. Per respirare nella calura, per riposare, per vedere il mare aperto e immenso, il cielo abbagliante per la luce o nero e brillante di stelle, per guardare oltre e lontano, per parlare con i vicini e sottrarsi comunque al faticoso ritmo quotidiano, ancora oggi a Pozzallo viene in mente la terrazza". Vedi a questo proposito l'interessante intervento di: DORMIENTE G., *Itinerario lapiriano a Pozzallo*, in QBB 6 (2007) n. 7, 97-111. Tra l'altro si può leggere (99) una testimonianza di Citterich datata 1988 che, da ospite nella cittadina che diede i natali al Professore, ricorda: "…mi ha impressionato… la visita alla sua casa natale che ha un terrazzino, detto localmente 'ciappetta' come mi ha riferito chi mi accompagnava, spiegandomi che le 'ciappette' – da noi … definite terrazze – sono una caratteristica di Pozzallo. Ho ricordato allora che 'ciappetta', cioè terrazza, rientra nel linguaggio lapiriano tante volte. La città è una terrazza sul modo; il politico deve vedere la storia come da una terrazza perché deve saper guardare lontano".

[305] Il lago di Tiberiade, 45.

Bisogna, Maestà, salire 'sulla terrazza' del Patriarca Abramo padre comune dei credenti: invocare di cuore l'intercessione di Lui, la intercessione di Isacco e di Ismaele: ed anche la dolce e verginale intercessione di Maria, la soave e purissima madre nostra, madre verginale di Gesù e di tutti. Solo compiendo questo delicato atto di fede e solo vedendo le cose in questa luce potrà essere impostato il problema di Israele: è il problema di Isacco e di Ismaele; è il problema di Gerusalemme la città santa; cuore, insieme, degli ebrei, dei cristiani e dei musulmani[306].

Siamo in una logica che ha bisogno di afflato spirituale, ha bisogno di fede adulta, che porta in sè, come dono dello Spirito, la profezia in atto che svela e matura il tempo. "La Pira invita quindi a valutare le vicende umane, soprattutto le incombenti, gravi situazioni di crisi nell'area mediorientale, guardandole dalla 'terrazza d'Abramo', come sguardo di fede cioè, al fine di ritrovare il senso profondo del relativo impegno religioso, civile e politico, diretto a trovare o favorire una soluzione nella riunificazione di Isacco e di Ismaele nella famiglia del comune loro padre e patriarca Abramo"[307].

Uno sguardo che 'dalla terrazza' si dilata sul mondo, una terrazza che, come si diceva, ha connotati geografici, certo, ma principalmente mistici, tutti da scoprire in quella sintonia, che è sintonia di fede, che ci faccia volgere lo sguardo al di là ..., che ci ponga in sintonia con la storia degli uomini, certo, ma principalmente con la storia di Dio che vuole la pace nel cuore di ogni uomo.

Le 'terrazze' geografiche sono riflesso di una 'terrazza' del cuore che bisogna cogliere e saper leggere con quegli occhi colmi di fede riconoscente e stupore provvidente, dinanzi ad un operare di Dio che passa tramite l'impegno dell'uomo; siamo dinanzi ad un itinerario che più volte il Professore coglie nel cammino di ascesa di Dio che Francesco d'Assisi visse e che alla Verna si fa vertice di conformazione crocifissa: "La Pira

---

[306] E prosegue nella stessa missiva (idem): "Maestà, il problema affidato alla Vostra preghiera, alla Vostra saggezza ed alla Vostra azione, è, forse, il problema dei problemi che affaticano la storia presente: chi metterà decisamente la mano per risolverlo avrà la benedizione di Dio e la benedizione degli uomini. Affrontatelo Voi, questo problema che è, prima che politico, essenzialmente religioso: chiamate vicino a Voi, esperti e saggi uomini: uomini di preghiera e di saggezza appartenenti alle tre confessioni religiose: insomma impostate Voi, con l'auto di Dio, questo grande problema al quale guardano con trepidazione Dio stesso e tutte le nazioni".

[307] CELATA P. L., Il dialogo cristiano-islamico oggi: il messaggio di Giorgio La Pira, in CONTICELLI G. (a cura di), PÖTTERING H.-G. (prefazione di), "Popoli, nazioni, città d'Europa"..., o.c., 200-2001.

aveva presente non solo gli orizzonti sempre più ampi e divinamente armoniosi, che più volte aveva contemplato dalla 'terrazza' del suo cuore, ma anche l'esperienza mistica di Francesco stimmatizzato sulla 'terrazza' della Verna"[308].

Con quanta lungimiranza e speranza scrive, all'indomani della 'guerra dei sei giorni', nel giugno del 1967, all'amico Fanfani, visto come 'protagonista determinate' degli 'eventi di questi tempi', riferendosi a Gerusalemme come 'terrazza' della pace universale[309]:

> C'è dubbio che siamo davvero *alla svolta qualitativa della storia del mondo*? Quando questa storia tanto misteriosa delle nazioni (di Israele e delle nazioni) è pervenuta sulla terra di Palestina e di Gerusalemme toccando nel profondo il destino storico (e religioso, perciò) di Israele e di Ismaele, allora eccoci al 'salto di qualità': si passa definitivamente nella età nuova 'della pace per sempre'.
>
> I fatti davvero straordinari di queste settimane ci hanno imprevedutamente sollevati (hanno sollevato la storia) sulla terrazza di Gerusalemme e da questa terrazza hanno mostrato l'inevitabile frontiera della pace universale: non c'è scelta diversa: bisogna inevitabilmente unire, pacificare, civilizzare il mondo: *lux mundi*!
>
> Non c'è 'scampo': pervenuti a Gerusalemme, la pace universale è inevitabile: la profezia di Isaia (2,1ss) appare l'inevitabile storia del mondo (di Israele e di Ismaele e di tutti popoli).

Non si può che pensare alla 'terrazza' lapiriana quando salendo a Gerusalemme si scorge la bellezza di questa città che, ieri come oggi, rimane misteriosamente piena di presenze oranti di tutte le fedi. Nella città santa La Pira scorge quel punto di unità che possa essere veramente, se gli uomini lo comprendessero e lo volessero, l'esempio concreto della pace reale tra la triplice famiglia abramitica. Non bisogna certo demordere, anche se ciò appare ancora lontano, lo sguardo profetico del Professore ben riconosce questa necessità, questo bisogno e ugualmente questo difficile compiersi, che chiama allora, tutti, all'orazione, alla speranza, all'impegno politico e mistico per realizzare le profezie antiche, questa diviene veramente una 'strategia' da perseguire. Scrive alle claustrali:

---

[308] BARELLI E., *È nella croce il senso profondo dell'inscindibile legame che unisce La Pira a San Francesco e al Monte della Verna*, in OR 144 (2004) [4.novembre.2004] 8.

[309] Carteggio La Pira-Fanfani, 315. Lettera datata: *17 giugno 1967*.

Il 'fiume dell'orazione' si muova con grande impeto verso questo 'punto' – la 'pace di Gerusalemme'; la 'pace di Israele e di Ismaele' – attorno al quale si muove (ed in modo tanto accelerato) la storia odierna del mondo.

Bisogna vincere: bisogna, cioè, che la pace torni ad abitare a Gerusalemme, la città della pace.

Gesù lo vuole; la Madonna lo vuole; gli apostoli lo vogliono; lo vogliono i patriarchi ed i profeti; lo vogliono tutti i santi del cielo; lo vogliono tutti i popoli della terra; lo esige la strategia della Provvidenza che non può introdurre – per così dire – i popoli della nuova epoca spaziale e millenaria della storia, senza aver prima pacificato Gerusalemme!

Pregare con questa certezza: per ottenere dal Signore – per l'intercessione di Maria – questo fatto di pace che deve verificarsi in Gerusalemme, la città dei profeti e di Cristo; la città dalla quale deve partire, in certo modo, il corso nuovo della storia pacificata e millenaria del mondo! ... *a partire da Gerusalemme* (At)[310].

Questo ci fa comprendere come "all'interno della visione che La Pira aveva della storia la vocazione di Gerusalemme costituiva per la 'teologia delle città' lo stretto *pendant* e la naturale conseguenza di quello che la vocazione d'Israele era per la 'teologia delle nazioni'"[311]. Lo stesso Professore ricorda: "Il senso della storia universale – la teologia della storia universale! è proprio qui nella maturazione – nonostante tutto – di questa 'età di Isaia', che è inevitabilmente destinata a comporre 'in unità giustizia e pace' il mondo intero"[312].

Si può inserire proprio in questa visione 'particolare' – Gerusalemme – che diviene 'universale' – il centro del mondo intero – quella relazione che La Pira coglie tra messaggio di pace e profezia. Un esempio a cui il Professore si riferisce, a questo proposito, è quello del messaggio di Fatima che viene accolto pienamente dal francescano La Pira. "Egli al mistero di Fatima orientò la sua vita, e fece di esso un punto di forza per l'annunzio cristiano e per la sua stessa vita politica. Ne fece anzi criterio d'interpretazione della storia. Da Fatima La Pira prende coraggio per far-

---

[310] Lettere alle claustrali, 1169. Missiva datata: *Festività di Maria* regina mundi 1965 *(31 maggio)*.

[311] MARTINI L., *Premesse teologiche a una politica. Giorgio La Pira, il destino di Israele e la 'geografia della grazia'* ... , o.c., 120

[312] Principi, XI.

si ambasciatore di disarmo e di dialogo con i popoli in tempi di guerra fredda, contattando il Cremlino e il Vietnam, Israele e i paesi arabi"[313]. Siamo sulla scia di una vita che scopre nel mistero di Dio, nel mistero di Maria, nel mistero di Francesco e della sua configurazione a Gesù stesso, il motivo per le nuove risposte che l'oggi richiede.

La necessità del dialogo e dell'incontro tra le parti che costruisca la pace fu, fino alla fine, vista dal Professore come l'indispensabile premessa per ogni pace duratura, in poche parole la tesi fiorentina del triangolo fu propugnata e tenacemente perseguita e, bisogna dire con leale e riconoscente verità, che diviene ancora oggi l'unica strada da seguire. Al termine della sua vita inviando il messaggio all'incontro euro-arabo di Firenze del 22 aprile del 1977, vista la sua impossibilità di parteciparvi di persona, come testamento della sua infaticabile missione di pace La Pira scrive[314]:

> Costruire la tenda della pace è anche il destino del Mediterraneo. Questi popoli, anche se pieni di lacerazioni e di contrasti, hanno, in certo senso, un fondo storico comune, un destino spirituale, culturale e in qualche modo anche politico, comune. La loro 'unità' è essenziale ed è quasi una premessa per l'unità dell'intera famiglia dei popoli.
>
> In questi ultimi decenni ricerche di alto valore hanno cercato di fare e cercano di fare ogni giorno più una analisi attenta di questo 'sfondo comune' e di questa 'storia comune' della triplice famiglia di Abramo che bagna le sponde del Mediterraneo, nuovo lago di Tiberiade!
>
> Tuttavia questa unità trova un perdurante antistorico punto di rottura nell'annoso conflitto arabo-israeliano. Ma anche qui ci sorregge la tesi fiorentina enunciata al Convegno di Cagliari del 1973 allorché sostenemmo che nella crisi arabo-israeliana andava emergendo il problema palestinese e che la soluzione di tale problema non poteva essere che politica.
>
> 'Il possibile dialogo arabo-israeliano – dicemmo – se vuole essere efficace e risolutivo davvero non può che essere triangolare: Israele-Palestina e gli altri stati arabi confinanti'.
>
> Questa tesi 'fiorentina' del triangolo appare ogni giorno più valida: tutti sono in certo modo persuasi che il negoziato e la pace arabo-israeliana

---

[313] DE FIORES S., *Maria. Nuovissimo Dizionario. 3. Testimoni e Maestri. Giorgio La Pira*. Bologna 2008, 392. Vedi tutto l'interessante articolo sulla mariologia del Professore: 351-404.
[314] *Il lago di Tiberiade*, 325-326.

passa inevitabilmente da questo triangolo! Tra le ipotesi di collaborazione che l'Europa della CEE e il mondo arabo ripropongono c'è anche questa: c'è soprattutto questo comune sforzo di rendere certezza la speranza radicata in Abramo (*spes contra spem!*) di riconciliare Israele ed Ismaele. Lasciatemi, dunque finire, con questo sogno! Lasciate che io veda in questa luce lo scopo ultimo di questo convegno euro-arabo che fa rifiorire la tesi di Firenze: 'La speranza di Abramo'!

Non c'è che da riprendere, per così dire, la strada di Firenze: la strada della convergenza, dell'incontro che Isaia indicò con tanta profetica precisione: 'In quel tempo ci sarà una strada dall'Egitto alla Siria e il siro si recherà in Egitto e l'egiziano andrà in Siria ed Egitto e Siria serviranno il Signore: e in quel tempo Israele, terza con l'Egitto e la Siria sarà benedetta in mezzo alla terra. Li benedirà il Signore dicendo: benedetto l'Egitto, mio popolo, la Siria opera delle mie mani ed Israele mia eredità (Is 19,23).

Ed è anche la strada che il Corano (III, 64) indica dicendo: 'Oh gente del Libro! Venite ad un accordo equo tra noi e voi e vedete di non associare a noi cosa alcuna, di non scegliere tra noi padrone che non sia Dio'.

4. La profezia di pace del francescano Giorgio La Pira oggi

Siamo in un cammino che ci ha fatto cogliere quella continuità tra l'esperienza di Francesco d'Assisi e di Giorgio La Pira, che ha unicamente nell'evangelo e nella sua accoglienza di fede, il nucleo portante che diviene sguardo profetico che rivela, nella storia, le 'parole' di Dio per l'oggi e guarda al domani con speranza e fiducia.

"La Pira è stato un profeta? Io direi più che profeta. È stato un profeta e un operatore di pace? Molto di più che un profeta della pace e un operatore di pace ... La Pira è stato una vittima della pace: i dolori profondi e inspiegabili che sono molte volte piombati sulla sua anima – senza disperazione però, e con la dolcezza di un abbandono totale – sono stati il prezzo pagato alla sua opera di pace"[315].

Da più parti questo è evidenziato e proprio ciò lo pone sulla scia e nella continuità di vita e di azione col Poverello di Assisi: "La Pira fu un vero apostolo della pace, perché era convinto che dove c'è la pace c'è il Signore: 'Pacem delinquo vobis, pacem meam do vobis' ... viveva e diffondeva intorno a sé pace e letizia. Non la gioia sciocca di chi ride tanto per ridere, ma la letizia che nasce dalla certezza della presenza di Dio e che non solo non si eclissa, ma cresce nella sofferenza, proprio perché la sofferenza ci introduce nel cuore di Cristo crocifisso. Nella sua vita impegnatissima, La Pira, ebbe momenti di grande sofferenza. Ebbene, proprio in quei momenti il suo comportamento traduceva l'insegnamento di San Francesco: 'Scrivi, frate Leone, che qui è perfetta letizia'"[316].

Vi è dunque la necessità, come si è cercato di affermare, leggendo in prospettiva l'esperienza dell'Assisiate e del Sindaco di Firenze, di raccogliere un'eredità che oggi, specie l'uomo di fede, non può e non deve ricercare se non nella 'mistica cristiana': quando si parla di tenace testimonianza di

---

[315] DOSSETTI G., *Un testimone fatto di parabole. [Discorso pronunciato nel Salone dei '500 di Palazzo Vecchio in Firenze il 5 novembre 1987, nel decimo anniversario della morte di La Pira]*, in Il Fondamento, 417.

[316] ANTONELLI F., *Sulla scia luminosa di S. Francesco visse in modo eccezionale il Vangelo ...*, o.c, 4.

amore, di carità, di pace, di riconciliazione, di perdono non possiamo che scorgerli nella visione di una vita ancorata in Dio e inviata, dalla forza dello Spirito di Dio, a portare il 'lieto annunzio' dell'Evangelo.

Se per rivelazione, Francesco d'Assisi, poté fare del saluto - *Il Signore vi dia Pace* - un saluto-programma che ebbe nel Vangelo il suo cuore e la forza propulsiva di una testimonianza, in ciò ritroviamo la spinta verso il suo andare. Recarsi verso quelle terre lontane, come erano le terre di Oriente, per 'donare' nel dialogo, nel confronto e nella certezza di una fede che sapeva essere verità da annunziare, il Signore Gesù. Ugualmente così si possono raccogliere nella forza propulsiva del pellegrinare di La Pira, quelle stesse motivazioni di fondo, di un Vangelo da donare, di un Gesù da testimoniare, di una pace, certa e giusta, da instaurare.

Da consacrato del Signore, nell'originalità di una vocazione come fu quella degli istituti secolari, e da consacrato francescano, La Pira comprese bene, che nella sua vocazione cristiana vissuta nel mondo, doveva porsi come lievito che fermenta la massa, come 'indispensabile' presenza che faccia agire il Signore; cio è interessante notarlo e sottolinearlo: il Professore lo ribadirà fin dall'inizio del suo più che ventennale colloquio interiore ed epistolare che avrà con le claustrali, ponendo queste nel versante dell'orazione necessaria e lui stesso, i suoi interventi e il suo operare, nel versante del mondo. Afferma in una delle sue prime circolari proprio questa necessità di un mondo contemplativo capace "di penetrare con il lievito della grazia, con la linfa dell'orazione, con la mirra della penitenza, con la potenza dell'amore nelle strutture più intime del mondo 'profano': domanda di arare e di fecondare l'intiero territorio dell'uomo... è la medesima domanda di Cristo: si estende tanto quando si estende l'uomo"[317].

I risultati di un'esistenza che fu la sua vita bisogna saperli cogliere in tutto un cammino che affonda le sue radici nell'itinerario vocazionale che il Signore gli propose e che il Professore accolse e visse; non possiamo dimenticare la sua 'conversione', la sua 'adesione' alla proposta del padre Gemelli di far parte dei missionari della Regalità di Cristo, la sua convita adesione alla vita politica vista come servizio e come luogo dove Dio lo chiamava ad essere carità operosa, costruendo e donando, serenità, giustizia, pace.

Figlio dunque della vocazione francescana che volle vivere in La Pira ritroviamo quegli elementi che da sempre e gli furono familiari e congeniali, proprio perché 'cristiano sincerissimo' che pose il rapporto fede vita come

---

[317] Lettere ai monasteri, 41. La lettera è datata: *III Domenica di Avvento, 1951.*

imprescindibile risposta di fedeltà: "La coltivazione del'ideale di identificazione con Cristo, intesa in senso francescano, vale a dire come ricerca di un rapporto totalizzante e di una somiglianza completa a Gesù, sia dal punto di vista morale che affettivo, sino alla sequela nella sofferenza da lui patita per la salvezza del mondo; la relazione fra l'ideale di identificazione a Cristo e l'ecclesiologia del corpo mistico e infine la visione di apostolato laico finalizzato alla consacrazione a Cristo non solo delle singole anime ma anche della collettività"[318], questi furono gli spazi vitali dove ritroviamo i prodromi delle sua futura passione per la pace dei popoli nell'annunzio messianico del tutto instaurato in Cristo.

Non per nulla bisogna cogliere come dimensione profetica da far fruttificare l'intuizione del Professore "che l'area mediterranea fosse uno spazio nevralgico per la costruzione della pace e di rapporti postivi fra i popoli del Nord e del Sud del mondo, sottolineando con anticipatrice lungimiranza la comune origine di Abramo di cristiani, ebrei e musulmani[319].

Vi è dunque una 'visone lapiriana' della storia che coincide con quel progetto di Cristo che il Vangelo ci presenta. Cristo, la sua pasqua di morte e risurrezione, si pone nel cuore della storia come evento che ne rivela il senso, che cerca di far capire l'orizzonte del suo tracciato, che diviene profezia di un nuovo mondo da costruire non sulle rovine dell'odierno ma con l'odierna umanità santificata e redenta.

La dimensione della croce, della sofferenza, come quella della gioia e della risurrezione sono, potremmo dire, le due leve che innalzano il mondo stesso e danno all'uomo la chiave per comprendere una storia che è in cammino verso l'istaurarsi di ogni cosa 'in' Cristo (cfr Rm 3,22; 6,11; 6,23; 8,1-2; Ef 3,4-6). L'anelito, la ricerca, l'impegno per la pace, allora, non diviene impegno che istauri uno *statu quo* che pervenga a soddisfacenti e possibili opzioni giuste e di convenienza, compromessi autorevoli e con fatica raggiunti, per l'uomo di Dio il riferimento alla pace è il riferimento a Cristo principe della pace che abbatte ogni muro di separazione per porre nella comunione gli uomini, tra loro e con Dio (cfr Ef 2,14-17).

In questo possiamo raccogliere l'eredità di La Pira oggi nella professione di fede dell'evento Cristo crocifisso che da senso e significato ad ogni velleitaria ricerca di pace che non abbia la consapevolezza che tutto parta

---

[318] GIOVANNONI P. D., *La Pira e la civiltà cristiana fra fascismo e democrazia (1922-1944)*. Brescia 2008, 53.

[319] PALAGI P., *Giorgio La Pira: la morale nella storia*, in RTM 40 (2008) n.157, 30. Vedi tutto l'articolo: 25-31.

da quell'evento, consapevolezza che si tocca con mano nell'esperienza della contemplazione di un Mistero che a noi si è fatto vicino in Gesù e nel suo morire sulla croce per noi.

San Paolo lo notava con tanta affettuosa, dolorosa e delicata meraviglia: tutti si stupiscono, diceva - rivolto agli ebrei ed ai gentili -, di questo scandalo di un Dio crocifisso: eppure ... *nos autem gloriari oportet in Cruce Domini nostri Jesu Christi in quo est pax, vita et resurrectio nostra; per quem salvati et liberati sumus* (Gal 6,14). La 'tecnica' della trasformazione del mondo e del suo 'passaggio' dalla terra al cielo, dal tempo all'eternità', dalla morte alla vita, ha una sola strutturazione, un solo congegno, un meccanismo solo: la croce: supremo, unico ed efficace documento di redenzione e di amore: *sic Deus dilexit mundum et daret Filium suum unigenitum* (Gv 3,16). Perché le scrivo questo, Madre Rev.da? Forse che le nostre visioni sempre ottimiste 'dell'avventura di Dio' nel mondo sono venute meno o si sono attenuate? Forse qualche vena di scoraggiamento si insinua nel nostro cuore? No: tutt'altro!

Haec est victoria quae vincit mundum, fides vestra (1Gv 5,4). Il cristianesimo è la vittoria di Dio sulle anime e, perciò, sulle nazioni: perché è la risurrezione di Cristo e la presenza di lui, risorto e asceso al cielo, in mezzo agli uomini, tutti i giorni, nel corso di tutte le generazioni e di tutti i secoli (cfr Mt 28,20). La Chiesa ha per sé la certezza della sua vittoria contro tutte le forze infernali (Mt 16,18). E tuttavia non bisogna stancarsi mai di dire agli uomini che il cristianesimo non è essenzialmente una tecnica naturale per la trasformazione morale (anche in bene) della società e del mondo. No: esso è *essenzialmente* un mistero di grazia, epperciò un mistero di orazione, di mortificazione, di resurrezione. Esso tocca le radici profonde dell'essere umano e di conseguenza di tutta la realtà cosmica e storica – realtà di cose e realtà di popoli, nazioni e civiltà – che della persona umana costituisce l'essenziale contesto.

Omnia vestra sunt, vos autem Christi, Christus autem Dei, come san Paolo dice (1Cor 3,23).

È un mistero di grazia che scende dal cielo e che annoda intrinsecamente, in Cristo, l'uomo a Dio: lo annoda come il tralcio viene annodato alla vite (cfr Gv 15,5)[320].

---

[320] Lettere alle claustrali, 304. Lettera datata: *San Raffaele Arcangelo 1957* (24 ottobre).

La granitica certezza di una presenza – quella del Cristo Risorto – che si dipana in un tempo che ne esplicita ancor meglio e più i suoi risvolti di bene per gli uomini diviene veramente la visione di quei 'tre cieli' e 'tre stelle' di cui il Professore parla e che non si possono comprendere se non nella visione dell'universalità della salvezza.

> Il cielo interiore della persona, ove splende orientatrice ed attrattiva del cammino e del destino della persona (anche se offuscata dalle nuvole dell'ignoranza e della colpa), la stella del mattino.
>
> Il cielo della Chiesa, che copre tutta la terra, e dove splende per dare grazia, luce, unità e pace a tutti gli uomini ed a tutti i popoli – la stella di Betlemme.
>
> Il cielo della storia, che copre tutti i popoli e tutti i secoli, dove splende, orientatrice ed attrattiva del cammino di tutti i popoli e di tutti i secoli la 'Stella di Giacobbe'.
>
> Questi 'tre cieli' e queste 'tre stelle' sono il riflesso del 'Cielo del Risorto': un cielo quale egli stesso splende come stella del mattino e che si rispecchia – in un certo senso – nella persona, nella Chiesa, nella storia.

"Sarà dalla visione di questi orizzonti, contemplati con lo sguardo di Dio, che scaturirà dal cuore di La Pira il coraggio di operare per la pace e per l'unità della famiglia umana. Per collaborare alla costruzione del Disegno di Dio accetterà fatiche, dolori e pregherà con ardore serafico, spesso anche dalla 'terrazza dell'orazione efficace', come lui chiamava la Verna. Uno solo era infatti lo scopo dei suoi viaggi, che avevano sempre La Verna come 'pista di lancio': portare l'amore dove poteva trovarsi l'odio e la pace dove poteva trovarsi la guerra"[321].

Un uomo dunque che, nell'amore sofferto e nella passione tenace, seppe avere occhi immensi per scandagliare la storia, "nella prospettiva aperta dalla teologia della storia, alla cui luce La Pira interpreta questo tempo, il problema fondamentale è quello di creare il ponte fra spirituale e politico, tra azione e contemplazione, così che l'una all'altra rechi vantaggio"[322], un cammino che testimonia un arduo impegno ma altresì una fiduciosa speranza da porre unicamente in Dio.

---

[321] BARELLI E., *È nella croce il senso profondo dell'inscindibile legame che unisce La Pira a San Francesco e al Monte della Verna...*, o.c., 8. Le espressioni sopra di La Pira sono riportate nello stesso articolo.

[322] LAZZATI G., *Introduzione*, in LA PIRA G., *Lettere alle claustrali*. Milano 1978, XVII-XVIII.

La situazione del rapporto tra Israele e Palestina, con i suoi alti e bassi, con le sue intifade e i suoi pseudi trattati di pace continua ancora oggi ad insanguinare la regione e con la regione mediorientale il mondo intero. Ma le soluzioni non possono che rifarsi a ciò che già decenni prima, abbiamo celebrato da poco il trentesimo anniversario della morte del Professore, veniva incoraggiato e proposto da Giorgio La Pira, richiamando un assioma che potremmo dire elementare ma che stenta a porsi in atto, e cioè che la pace non è un'utopia, ma ha bisogno dell'impegno e dell'audacia degli uomini per costruirsi e, come indispensabile supporto deve poter avere la consapevolezza che le armi, le soluzioni militari, le prove di forza non sono coniugabili con la volontà e di contro con le parole, della pace, della concordia, della riconciliazione, della vita serena di ogni giorno.

Ecco l'impegno di La Pira, che divenne l'impegno del suo 'pellegrinare', del suo farsi presente, cercare di persuadere nella comune ragionevolezza che alberga nei cuori che vogliono la pace. Quanta attualità in queste parole che nel 1968 La Pira trascrive per la rivista *Note di cultura*, ricordandoci quale sguardo, profetico e mistico insieme, guidava il suo operare[323]:

> Le 'tesi' religiose, storiche e politiche, che ci hanno guidato in questo pellegrinaggio sono riassumibili in quella tesi che in questi anni ha sempre guidato la nostra azione di pace: *'la tesi di Isaia'*: cioè la tesi – fondata sulla rivelazione di Abramo e, perciò la piena aderenza alla pace di Betlemme ed alla pace del Corano – della inevitabilità della pace universale, della inevitabilità del disarmo (le armi cambiate in aratri!) e della inevitabilità promozione civile e spirituale dei popoli di tutta la terra (Is 2,1ss).
>
> [...] Questa tesi assume in Terra Santa un rilievo particolare: essa pone qui in maniera più drammatica l'inevitabile domanda: perché ancora la guerra? Perché non trovare una soluzione politica per tutti i problemi che separano ancor tanto dolorosamente arabi e israeliani? Questi popoli non appartengono alla stessa famiglia di Abramo, e non hanno perciò, un comune destino religioso storico e politico da attuare nella presente età scientifica del mondo (integrare spiritualmente il contesto scientifico e tecnico della nuova civiltà)? Il Mediterraneo, lungo le sponde del quale questi popoli abita-

---

[323] Il lago di Tiberiade, 231. 232-233.

no, non può tornare ad essere – è il suo destino! – un centro di attrazione e di gravitazione storica, spirituale e politica essenziale per la storia nuova del mondo? Perché non iniziare, proprio da qui, dalla Terra Santa, la nuova storia di pace, di unità e di civiltà dei popoli di tutta la terra? Perché non superare con un atto di fede religioso e storico e, perciò, anche politico – in questa prospettiva mediterranea e mondiale – tutte le divisioni che ancora tanto gravemente rompono l'unità della famiglia di Abramo, per iniziare, proprio da qui, quell'inevitabile moto di pace destinato ad abbracciare tutti i popoli della terra e destinato ad edificare una età qualitativamente nuova (salto qualitativo!) della storia del mondo?

[…] Ecco la speranza e la sostanza del nostro pellegrinaggio!

Un sogno? Una poesia? No, una prospettiva storica inevitabile. Il cammino dei popoli verso di essa può essere soltanto ritardato (come ha fatto la tristissima guerra vietnamita che da tanti anni frena questo cammino); ma la sua avanzata è inarrestabile.

Ed allora? Perché non iniziarla proprio ora, partendo da Gerusalemme, la città santa della triplice famiglia di Abramo, centro misterioso ma effettivo di tutta la storia e di tutta la terra?

Quanta realistica ed oculata consapevolezza di una politica che può dirsi tale se si pone a servizio dell'uomo, e nel costruire la pace dei popoli questo servizio diviene fattivo ed attivo. Quanto coraggio di una fede, che si scontra con quella miriade di luoghi comuni il più delle volte sostenuti da miopi vedute di parte e da interessi interessati – scusate il bisticcio – ma è proprio così il più delle volte. Quanta speranza nel cuore gonfio dello struggersi di un desiderio – la pace – che è riflesso di quella pace che viene da Dio e che è Gesù stesso per noi.

Il grido del Professore, che era una conseguenza logica dinanzi alla catastrofe della 'non pace' nella Terra della Pace – 'cosa aspettano cristiani, musulmani ed ebrei a sedersi al medesimo tavolo, per riflettere insieme sul dramma immensamente grave e rischioso delle storia?' – è il richiamo della consapevole necessità del dialogare e del confrontarsi per costruire quei ponti, e non certo per ergere dei muri, sui luoghi dove l'uomo vive. Vi è in La Pira una osmosi tra "realismo ed immaginazione politica creativa" che anzi si fondano, testimoniando la missione del politico "che non sia un gestore cinico o interessato di tutto ciò che comunque esiste, fatto insensibile all'altrui dolore, indifferente alle ingiustizie e teso a sfruttare in proprio favore anche gli egoismi spietati, che invocano vendetta al cospetto di Dio"[324].

Ogni uomo che si imbatte negli scritti di La Pira non può che rimanerne affascinato, ed esterrefatto, per la certezza di risposte che non hanno alternative; ed è proprio il caso della pace e della pace nella Terra del Signore.

"Per La Pira – afferma Mattei – la pace in Terra Santa 'è a portata di mano', 'a un metro': 'Lo dice l'esperienza storica, politica, geografica'. Non è un'affermazione utopica, astratta, buona per fare colpo ma incapace di incidere sulla vita dei popoli. Ci sono le prove che la pace della famiglia di Abramo 'si può e si deve fare'... Certo, la pace richiede più coraggio della guerra. Ma – diceva – se gli uomini guardassero in alto e non in basso – e in quella Terra alla quale è indissolubilmente legato l'aggettivo santa è naturale levare gli occhi al cielo – scoprirebbero, commossi, di avere nel loro destino la fraternità che viene dall'essere tutti figli di Abramo. La pace è nel destino politico, storico e geografico dei popoli che vivono in Terra Santa. E a questa pace della famiglia di Abramo 'non c'è alternativa'"[325].

Bisogna anche scorgere nell'opera di La Pira quello sguardo che possiamo dire di fede storica e politica che diviene servizio, un servizio all'uomo. Non è questo il ruolo della Chiesa stessa, serva dell'umanità, non deve porsi in questa prospettiva ogni impegno politico e di servizio agli uomini? L'Italia, Roma e il Vaticano, non sono occasionalmente dei luoghi ma sono significativamente dei chiari richiami per orientare ogni popolo e nazione all'essenziale; con quanta lungimiranza scrive il Professore in una lettera a Giulio Andreotti, datata gennaio 1973:

La stella (di Betlemme) che condusse i Magi dagli estremi limiti della muraglia cinese a Betlemme conduca ora alla cattedra di Pietro (a Roma) i popoli di Oriente, loro successori. Queste parole non sono fantasia: la storia, ogni giorno più, ci prova che questo è l'irreversibile corso della storia del mondo! Oggi, come ieri, come domani! Se l'Italia intuisse

---

[324] PERI V., *Gerusalemme: speranza storica della pace mondiale*, in *Studium* 90 (1994) n. 3, 353. Vedi tutto l'articolo: 353-357; lo stesso articolo in: Id., *Sedici anni dalla morte di Giorgio La Pira. 'La Terra Santa centro attrattivo del mondo'*, in OR 133 (1993) [6 novembre 1993] 3.

[325] MATTEI G. *Ha portato la speranza là dove non arrivava la giustizia. A trent'anni dalla morte un inedito di Giorgio La Pira all'arcivescovo Agostino Casaroli*, in OR 147 (2007) [4.novembre.2007] 4. L'inedito di cui si parla recita: "Caro Mons. Casaroli, anzitutto, grazie! Quanto bene – quanta pace e quanta grazie e quanta speranza – la sua azione discreta e profonda sparge su tutti i continenti per la 'espansione' della Chiesa e la fioritura della unità e della pace!".

davvero che il suo destino storico e politico è questo: essere il ponte che i popoli devono attraversare per andare all'inevitabile piazza di Pietro![326]

Siamo dinanzi ad un profeta di Dio, che nonostante le inevitabili derisioni da parte dei buon temponi di turno non può che essere considerato per l'oggi, e per i problemi che ancora oggi perdurano nella Terra Santa da lui tante volte visitata, come l'angelo foriero di annunzi di pace che, nella notte, diventata luminosa nella storia che si compie, annunzia ancora con speranza: pace, pace agli uomini di buona volontà!

Per Betlemme, come per Gerusalemme, La Pira ebbe un singolare rapporto, fatto di concretezza, nell'aver toccato con mano i luoghi della redenzione ed essere stato fiducioso che il mistero di Dio in essi racchiuso, nella forza della profezia cristiana, si concretizzerà. Ugualmente Assisi con San Francesco, la Verna, Firenze, diventano altrettanti luoghi che parlano di pace, sofferta e certa, che rincuorano il professore nel suo impegno instancabile di dialogo e conoscenza, che si traduca in pace duratura e giusta.

Un testimone dei nostri giorni impegnato nel costruire la pace in quella regione, il già Patriarca latino di Gerusalemme, così ricorda La Pira, come l'uomo che vide "i segni di certe disponibilità 'per l'inizio del dialogo' all'interno tanto del mondo arabo che di quello israeliano". Seppure l'utopia lapiriana non ebbe riscontri immediati bisogna pur dire, afferma sempre Mons. Sabbah, che le parole di La Pira sono divenute realtà quasi trent'anni dopo: "Politici autentici sono coloro che, come i cittadini, conoscono la stagione, il mese, il giorno in cui si trova la storia dei popoli", difatti "Rabin, Arafat, Peres saranno gli iniziatori di questo dialogo nel 1993. Una storia che tuttavia ancora oggi non si è conclusa".

E in riferimento alla vocazione di Gerusalemme il prelato ricorda le espressioni del Professore: "La città per definizione dell'incontro, del dialogo, della riconciliazione, della pace tra i popoli di Abramo e fra i popoli di tutto il mondo è Gerusalemme. Ma la pace da duemila anni non abita ancora lì. L'incontro, il dialogo, la riconciliazione, la pace non sono ancora possibili a Gerusalemme. E allora come agire", a queste sollecitazioni il Vescovo non può che ricordare, come un impegno anche per l'oggi, che "La Pira dove viveva gettava ponti, stabiliva intese, diffondeva amicizia. La Pira, costruttore di pace, non attese: operò subito, là dove viveva"[327].

---

[326] MATTEI G., *Andreotti racconta La Pira. 'Mi viene facile pregare Giorgio il santo' ...*, o.c., 4.

[327] SABBAH M., CAPOVILLA N. (a cura di), MARTINI C. M. (presentazione di), *Voce che grida dal deserto*. Milano 2008, 49

La logica, insita nella vocazione cristiana, dell'impegno per la pace e la riconciliazione tra i popoli, diviene allora vero sguardo di fede sulla storia che più che cogliersi come corsa verso il baratro della catastrofe e dell'auto-distruzione, possibilità che è nelle mani dell'uomo, come ricordava spesso il Professore riferendosi alla minaccia atomica, deve farci invece guardare il Dio della storia all'opera e deve farci inserire in quest'opera col nostro impegno, la nostra dedizione, la nostra sollecitazione fatta di coraggio e di scelte concrete verso la realizzazione dell'armonia tra i popoli e della pace universale di messianica profezia.

Si comprende allora che La Pira, il suo pensiero, la sua vocazione, la sua missione, la sua testimonianza diventano importanti anche per l'oggi, per il nostro oggi, che ci invitano a far si che "ciascuno di noi si lasci in qualche modo 'provocare' da questa figura ... non ci interessa un La Pira reso asettico, uomo per tutte le stagioni; non ci interessa un La Pira imbalsamato, neanche per metterlo su un altare. Ha scritto Dom Helder Camara: 'Nessuno ha il diritto di ascoltare La Pira ed accontentarsi di applaudirlo. L'unico omaggio che gli si può rendere consiste nel non risparmiarsi, nel rischiare, nell'adoperarsi perché la giustizia e l'amore aprano la strada alla pace ... Colui che non vuole uscire dall'egoismo, dal perbenismo, dalla viltà non ha diritto di ascoltare La Pira!'"[328].

Davanti ai potenti della Terra espose con fermezza le sue idee di credente e di uomo amante della pace, invitando gli interlocutori a uno sforzo comune per promuovere tale bene fondamentale nei vari ambiti: nella società, nella politica, nell'economia, nelle culture e tra le religioni.

Nella teoria e nella prassi politica, la Pira avvertiva l'esigenza di applicare la metodologia del Vangelo, ispirandosi al comandamento dell'amore e del perdono. Rimangono emblematici i 'Convegni per la pace e la civiltà cristiana', che promosse a Firenze dal 1952 al 1956, allo scopo di favorire l'amicizia tra cristiani, ebrei e musulmani.

In una lettera all'amico Amintore Fanfani, egli scriveva parole di una sorprendente attualità: 'I politici sono guide civili, cui il Signore affida, attraverso le tecniche mutevoli dei tempi, il mandato di guidare i popoli verso la pace, l'unità, la promozione spirituale e civile di ciascun popolo e di tutti insieme' (22 ottobre 1964).

---

[328] Parole del prof. Mario Primicerio, già segretario di Giorgio La Pira ed ex Sindaco di Firenze (26.aprile.2004) all'udienza dell'ANCI dal Papa Giovanni Paolo II: http://www.anci.it/index.cfm?layout=dettaglio&IdSez=2532&IdDett=10968

Quella di La Pira fu una straordinaria esperienza di uomo politico e di credente, capace di unire la contemplazione e la preghiera all'attività sociale e amministrativa, con una predilezione per i poveri e i sofferenti[329].

Espressioni che accogliamo con fiducia e speranza. Sulla stessa scia e con la consapevolezza dell'operare dello Spirito che, come La Pira insegna, opera nonostante e comunque tutto, bisogna leggere le espressioni, reiterate e chiare che, sia ad Israele che all'Autorità Palestinese, sono state dette da Benedetto XVI nello scorso provvidenziale pellegrinaggio in Terra Santa; tra l'altro affermava[330]:

Gerusalemme... Una cosa che le tre grandi religioni monoteistiche hanno in comune è una speciale venerazione per questa Città Santa. È mia fervida speranza che tutti i pellegrini ai luoghi santi abbiano la possibilità di accedervi liberamente e senza restrizioni, di prendere parte a cerimonie religiose e di promuovere il degno mantenimento degli edifici di culto posti nei siti sacri. Possano adempiersi le parole della profezia di Isaia, secondo cui molte nazioni affluiranno al monte della Casa del Signore, così che Egli insegni loro le sue vie ed esse possano camminare sui suoi sentieri, sentieri di pace e di giustizia, sentieri che portano alla riconciliazione e all'armonia (cfr Is 2,2-5).
Anche se il nome Gerusalemme significa 'città della pace', è del tutto evidente che per decenni la pace ha tragicamente eluso gli abitanti di questa terra santa. Gli occhi del mondo sono sui popoli di questa regione, mentre essi lottano per giungere ad una soluzione giusta e duratura dei conflitti che hanno causato tante sofferenze. Le speranze di innumerevoli uomini, donne e bambini per un futuro più sicuro e più stabile dipendono dall'esito dei negoziati di pace fra Israeliani e Palestinesi. In unione con tutti gli uomini di buona volontà, supplico quanti sono investiti di responsabilità ad esplorare ogni possibile via per la ricerca di una soluzione giusta alle enormi difficoltà, così che ambedue i popoli possano vivere in pace in una patria che sia la loro, all'interno di confini sicuri ed internazionalmente riconosciuti. A tale riguardo, spero e prego che si possa presto creare un clima di maggiore fiducia, che

---

[329] GIOVANNI PAOLO II, *Discorso ai Rappresentanti dell'Associazione Nazionale Comuni Italiani 26 aprile 2004*.
[330] BENEDETTO XVI, *Discorso per la cerimonia di benvenuto all'aereoporto di Tel Aviv, 11 maggio 2009*.

renda capaci le parti di compiere progressi reali lungo la strada verso la pace e la stabilità.

Parole molto chiare che ci ricordano come l'operare per la pace di La Pira se non fu vano ha bisogno di ulteriori profeti per andare in avanti e saper, con lungimiranza e coraggio, tessere il difficile mosaico di una pace giusta e duratura.

Il Professore deve poter divenire un vero e proprio punto di riferimento che insegni quella sconfinata fiducia in Dio, che nella fede diviene certezza del compiersi del suo volere.

In apparenza fragile, La Pira era dotato di grandi energie intellettuali e morali, potenziate e affinate nel diuturno esercizio dello studio, della riflessione, dell'ascesi e della preghiera. Per natura intuitivo, si sentì chiamato a sviluppare il suo impegno di cristiano sulle orme di Gesù *mandato per annunziare ai poveri un lieto messaggio* (*Lc* 4,18). Occorreva sottrarsi alla 'tentazione del Tabor', come egli la chiamava (cfr *Diario*, 14 sett. 1951), per scendere nella pianura della quotidiana dedizione alle tante esigenze del prossimo in difficoltà.

Dalla feconda tensione tra la contemplazione e l'azione, scaturisce la singolare fisionomia di quel laico cristiano tutto d'un pezzo che fu La Pira. Da lì deriva pure l'eredità spirituale che egli ha lasciato alla Chiesa di Firenze e all'intera Comunità ecclesiale. La sua è stata una spiritualità, per così dire, 'immanente' all'attività quotidiana: dalla comunione eucaristica, alla meditazione, all'impegno culturale, all'azione sociale e politica, non v'era per lui soluzione di continuità. Egli sentiva fortemente la presenza della Santissima Trinità, che attraeva e raccoglieva l'anima sua nella contemplazione e nell'adorazione. 'La radice dell'azione – egli scriveva – sta sempre qui: in questa 'estasi' dell'anima innamorata che versa lacrime dicendo al Signore: Dio mio, Signor mio! Dio mio e mio tutto!' (*ibid.*)[331].

Con queste significative parole 'su' La Pira di Giovanni Paolo II terminiamo il nostro pellegrinare che ci ha visti accogliere nel cammino di La Pira il cammino di tutti i credenti in Cristo che devono ritrovarsi orientati

---

[331] GIOVANNI PAOLO II, *Lettera all'Arcivescovo di Firenze in occasione delle celebrazioni del Centenario della nascita di Giorgio La Pira* (1.novembre.2004)

verso il compimento di quella storia che è salvezza e che in Cristo, Signore e Dominatore del tempo e dell'eternità, orienta il vivere di ciascuno uomo.

La Pira questo lo testimonia e lo annunzia da profeta e mistico, da credente e politico, da amico e fratello; la sua vita, sulle orme di quella di San Francesco d'Assisi, diventa eloquente segno di un'utopia possibile che diviene impegno per rendere attraente ciò che sembra assurdo e non concretizzabile. Il Professore ci ricorda in ultima analisi che il tempo è nelle mani di Dio e che dinanzi a lui mille anni sono come un giorno solo (cfr Sal 89,4), come ugualmente ci ricorda che 'ora' è il tempo favorevole e della salvezza da accogliere e far fruttificare (2Cor 6,2).

Lungimiranza, pazienza, oculatezza, risolutezza, empatia e simpatia e tanto altro trasudano dal modo di essere e di fare di Giorgio La Pira che non possono, per chi lo conobbe e chi si accosta a lui nei suoi scritti, che produrre stupore, ammirazione, riconoscenza. Oggi abbiamo bisogno, forse anche più di ieri, della sua testimonianza e della sua ferma volontà di bene che traspariva dal suo pellegrinare nella Terra Santa, nei Luoghi della Redenzione, in quell'Oriente che foriero di pace e di perdono donerà al mondo intero la pace, la riconciliazione e il perdono.

Scorgendo le pagine dei quotidiani o ascoltando le notizie dei media sembra che in Terra Santa l'oramai incancrenitosi problema della pace, tra Israele e Palestina, non abbia soluzioni, anzi che, specie negli ultimi periodi, sembra acuirsi sempre più il divario tra i due Paesi; confesso, da residente in questa regione, che le cose non mi sembrano proprio così. Nonostante il perdurare delle ingiustizie, delle sopraffazioni, dello stato di occupazione e dalla mano di ferro militare, nonostante i gesti spregevoli di terrorismo che ancora oggi danno alla forza delle armi la velleità di risolvere conflitti che hanno bisogno di altre coraggiose scelte, vi è e vi deve essere per un cristiano uno sguardo che vada oltre e che ci faccia sognare, desiderare, impegnarci, sperare, avere la certezza che la pace verrà.

La Pira direi che fondamentalmente ci ricorda e ci insegna ad avere questo sguardo di fede nella storia che da sempre è storia di salvezza per l'uomo e che, grazie al farsi uomo di Dio stesso è divenuta storia che costruisce il compimento di quel 'cieli e terra nuovi' che, nella giustizia, attendiamo con perseveranza (cfr Is 65,17; Ap 21,1); proprio questo ci pone nel Mistero di Dio, che in Terra Santa si pone, mi permetto di dire, ancora con più eloquenza dinanzi a noi.

Con parole efficaci Mons. Sabbah lasciando il ministero pastorale che per oltre un ventennio ha svolto in quella martoriata regione lo ricorda:

"La storia che gli uomini fanno, con il sangue e l'odio, o con il dialogo e la collaborazione la fanno consapevolmente o inconsapevolmente, sotto lo sguardo di Dio, Signore della storia, che dà a questa terra una santità particolare. Qui, tutti hanno a che fare con il mistero di Dio. In effetti, i nostri Luoghi Santi esprimono questo. Una delle ragioni maggiori del conflitto sono i Luoghi Santi, nei quali i credenti delle tre religioni si riferiscono a Dio. Nei Luoghi Santi preghiamo. Ma nello stesso tempo sono dei luoghi di conflitto, di morte, di odio… e ciò è contrario alla natura e alla vocazione dell'intera Terra Santa. In una terra di Dio, solo le vie di Dio porteranno alla soluzione del conflitto. La violenza degli uomini, sia quella del più forte che quella del più debole, non è né la via normale, né la via efficace per arrivare alla pace. La pace nella terra di Dio sarà dono di Dio, e i credenti, dei due popoli e delle tre religioni, devono con la loro adesione sincera alla fede in Dio e con la coerenza della loro condotta nella fede in Dio Creatore, amante di tutte le sue creature, preparare l'ora di Dio in questa terra, nella quale Egli ristabilirà la pace"[332].

Un augurio, un impegno, una scommessa… forse, certo, si. Ma certamente una professione di fede!

---

[332] SABBAH M., *È giunto il momento della mia partenza… ho terminato la mia corsa ho conservato la fede (2Tm 4,7). Lettera Pastorale di Sua Beatitudine il Patriarca Latino di Gerusalemme* [1 marzo 2008]. Beit Jala 2008, n. 12, p. 26.

Conclusione

Possa questa preziosa e sacra terra di Palestina essere – dopo che sarà stata pacificata – come nei disegni di Dio, il 'polo spirituale' del mondo!
È sempre Isaia che parla: venite saliamo a Gerusalemme!
Gerusalemme, *città della pace mondiale*, creata da Dio proprio per questo: per essere il luogo sacro che unifica, pacifica, illumina, non solo i popoli della famiglia di Abramo, ma i popoli della intera famiglia delle nazioni[333].

Quanto belle e significative queste parole di Giorgio La Pira. Al termine del nostro cammino richiamarle mi sembra importante, per richiamare il senso che ha guidato queste note, nella continuità tra Francesco d'Assisi pellegrino di pace in Oriente e il Professore tenace assertore della pace nella Terra Santa, visitata con amore, devozione, speranza.

Ci siamo posti da una angolazione, quella dei pellegrinaggi in Terra Santa, pellegrinaggi di pace e di speranza accogliendo, certo in mondo non del tutto esaustivo, l'esperienza del Professore come una reale testimonianza di un Vangelo vissuto e donato; ci rendiamo conto, come dice Artusi, che siamo dinanzi, in La Pira, ad una sorprendente certezza di un 'piano di Dio' che egli, il Professore, "contempla con una nitidezza impressionante e che noi, tutt'al più, decifriamo a fatica in qualche dettaglio qua e là"[334]. Abbiamo bisogno di occhi particolarmente colmi di stupore e di fede per sapere raccogliere un'eredità che non solo è attuale ma che diviene provvidenziale sguardo per saper leggere, nell' humus che la sostiene, ogni storia e tutta la storia.

La Pira ci insegna, basta leggere la miniera del suo epistolario alle claustrali[335], ad assumere uno sguardo retrospettivo, cioè la necessità di fermarsi, di riandare, di pensare, di proiettarsi in avanti dopo una significativa

---

[333] Espressione di una missiva che La Pira indirizza all'allora primo Ministro di Israele, Levi Eshkol, il 21 dicembre del 1957, in Il lago di Tiberiade, 217.

[334] ARTUSI L., *I pellegrinaggi di Giorgio La Pira nelle* Lettere alle claustrali … , o. c., 47.

[335] Cfr CARNEMOLLA P. A., *La santità laicale di Giorgio La Pira nelle lettere ai monasteri di clausura*, in QBB 8 (2009) n. 10, 37-54.

esperienza vissuta; siamo dinanzi a quello sguardo contemplativo della storia che, in quanto tale, ci fa leggere in essa, quella presenza di Dio che la conduce e la orienta e che dunque deve in modo ineluttabile, con una necessità che quasi disturba perché potrebbe essere letta come fatalismo, essere accolta, accettata, condivisa.

Ben sappiamo invece, e la fede nel Dio della storia ce lo attesta, che non c'è fatalismo nel cogliere la presenza del Dio di Abramo e di Ismaele che si fa storia vissuta e presente in Gesù di Nazaret e che diviene, tramite la vita dei credenti in lui, presenza operante, continua e sempre nuova nei gangli della storia di sempre.

Quasi con la spontaneità del bambino, cioè di colui che è piccolo, semplice, puro e dunque che si pone nel Regno stesso di Dio che si concretizza nel tempo, La Pira ricorda alle claustrali che gli sono state sempre vicino con la loro forza di orazione, che questa, la preghiera, è l'unica cosa necessaria perché il mondo si orienti decisamente verso Cristo e la pace regni nei popoli. Ricordando il suo primo pellegrinaggio, diciamo quello che ufficialmente ne apre il senso e le reali prospettive, in Terra Santa[336]:

> Madre Rev.da, ricorda il 'nostro' primo pellegrinaggio in Terra Santa nel Natale 1957? Dico nostro, perché tutti i monasteri del mondo furono invisibili compagni di quel pellegrinaggio! L'intenzione cui fu consacrato quel pellegrinaggio era precisa: l'unità della Chiesa e la pace del mondo; in modo più specifico, la pace della famiglia di Abramo (specie fra Israele ed Ismaele).
>
> Quel pellegrinaggio cominciò a Hebron (ove è la tomba di Abramo e dei Patriarchi) e si concluse (la notte del 24 dicembre e la mattina del 25) a Betlemme ed a Gerusalemme!
>
> Un mese dopo esso fu perfezionato sul monte Carmelo, sul lago di Tiberiade ed a Nazareth.
>
> In quella occasione io vidi il re Hussein (re di Giordania) e Ben Gurion (capo del governo di Israele): e parlai ad essi della pace!
>
> La tesi era semplice: la famiglia di Abramo (ebrei, cristiani, musulmani) deve pacificarsi: il Mediterraneo deve pacificarsi; lo esige la storia presente e futura del mondo: perché la Terra Santa ed il Mare Mediterraneo costituiscono – per così dire – il centro geografico e 'mistico' del mondo; sono come la radice 'mistica' di una quercia nella quale sono

---

[336] Lettera alle claustrali, 966. Lettera datata: *Madonna di Lourdes 1964* [11 febbraio].

destinati ad innestarsi i popoli di tutta la terra ('saranno in te benedette tutte le tribù della terra').

In questa bellissima immagine della 'quercia' in cui si innestano tutti 'i popoli di tutta la terra' mi piace concludere il nostro itinerario, lasciando nel cuore quella parola di speranza che non è utopia che annebbia il tempo della storia ma certezza, nella fede che diventa amore fattivo, concreto e sofferto, di uno sguardo che ci faccia ripetere che la pace in Terra Santa un giorno si concretizzerà. Pace che diverrà segno eloquente di pacificazione per il mondo intero, per quella regione – Israele, la Palestina – e quella città – la Gerusalemme terrestre – di qualcosa che ci attende, il Regno, e di qualcosa che si compirà nella Gerusalemme celeste, che si presenterà sotto i nostri occhi.

Ben comprendiamo che questa visione, questo progetto, questa testimonianza che diviene annunzio del Vangelo della pace deve poter, se così potrei dire, porsi dentro il cuore dell'uomo con quello spessore di fede adulta e profezia audace che La Pira ci dona e ci testimonia; ugualmente il guardare, realmente, ai tanti segni di speranza che in questa terra nascono e si sviluppano, ci fa ripetere con sicura fermezza e nella fede dei nostri padri le parole tanto care al Professore: *spes contra spem!*

Come storia che continua sulle sue orme:

Il tessere la pace fu un impegno contraddistinto anche da gesti semplici e significativi, come da Sindaco La Pira attuò, con i gemellaggi di importanti città del mondo; la fedele ed attenta interprete del suo impegno, Fioretta Mazzei, così ricorda l'episodio del gemellaggio tra Firenze e Nazaret, concretizzatosi nell'autunno del 1994, vissuto sulla scia dell'insegnamento di pace del Professore: "Era lì in quella circostanza e Dio ha voluto che in questa terra benedetta in questo giorno, ci fosse anche lui, testimone di tanto lavoro. È questa la vera ragione del mio viaggio, la sua sostanza. Ho visto il segno del Signore, oggi nel deserto"[337].

Anche qui un 'pellegrinaggio' compiuto sulla scia di quelli che il Professore fece, per testimoniare una pace possibile, una pace che, con piccoli ma significativi gesti si deve poter costruire ogni giorno, nonostante la cattiveria dell'uomo, nella ferma certezza che la pace trionferà, si ristabilirà, sarà dono accolto, perché donato, da Gesù stesso, principe della pace. La

---

[337] CARROCCI G. (a cura di), *Fioretta Mazzei. La mia storia sacra. Dai 'Diari spirituali'*. Città del Vaticano 2007, 110.

profezia di Isaia ha un seguito e, se nell'era messianica in Cristo ha inaugurato l'era nuova della pace dove gli strumenti di morte si trasformano in strumenti di vita (cfr Is 2,4) anche oggi, tramite ciascuno di noi, ci viene ricordato che quell'impegno ci appartiene e non può essere dimesso, ognuno secondo le proprie responsabilità e la propria missione.

Francesco d'Assisi, inaugurando un modo nuovo di andare verso il fratello che crede in una fede diversa dalla propria, ci spinge, ugualmente, non solo verso la possibilità della pace, ma verso la certezza che, nel dialogo e nella mutua conoscenza, sarà la forza per far fiorire il Regno di Dio sulla terra.

Galleria fotografica

Crediti fotografici

Torrini Fotogiornalismo:
    fotografia 7, 10, 12
Archivio Fotografico Fondazione G. La Pira :
    fotografia 1, 2, 3, 4, 5, 6, 8, 13

La Pira in preghiera nella Basilica del Santo Sepolcro a Gerusalemme:
all'interno dell'edicola del Sepolcro (in alto) e al Golgota (in basso).

3

4

5

La Pira al Golgota (in alto), sul Monte Tabor (in centro) e a Tel Aviv a una riunione del "Comitato israeliano per la pace" (in basso).

6

7

La Pira tiene un intervento davanti alla Sinagoga di Firenze (in alto) e al suo tavolo di lavoro (in basso), sul quale si scorge un tipico presepio in madreperla di Betlemme.

158

8 9

10

La Pira nella Cappella delle Stimmate alla Verna: con il principe ereditario del Marocco, che volle restituire la visita di san Francesco al Sultano d'Egitto a Damietta (in alto, a sinistra), e in preghiera (in basso).
Lapide posta nell'atrio della Basilica dell'Annunciazione per commemorare il gemellaggio tra Firenze e Nazaret (in alto, a destra).

Lapide commemorativa posta nel santuario della Verna che riprende una citazione di La Pira a proposito del viaggio di san Francesco in Terra Santa (in alto). La Pira con Maometto V, Re del Marocco, prima a Firenze (in centro) e poi a Rabat (in basso).

Indice

Incontri a **Sichar**

La città di Sichar è citata una sola volta nella Bibbia, nel vangelo di Giovanni (4,5). È il luogo dell'incontro tra Gesù e la donna samaritana. Un incontro destinato a superare le barriere del sospetto e del pregiudizio, qualunque ne sia l'origine.
Il logo della collana riprende l'immagine stilizzata di Sichar come appare nella carta musiva (VI sec.) della Terra Santa che si trova a Madaba, in Giordania.

I volumi della collana

1. MARCELLO BADALAMENTI, *Pellegrini di pace. Francesco d'Assisi e Giorgio La Pira in Terra Santa,* 2009.

In preparazione

2. GWENOLÉ JEUSSET, *Itinerari spirituali in terre d'Islam,* 2009.